죽음의 인문학적 이해

어떻게 살고 어떻게 죽어야 할까?

죽음의
인문학적
이해

어떻게 살고 어떻게 죽어야 할까?

우 정(禹晶) 지음

이지출판

'죽음'을 글단지에 담으며

　현자들은 "죽음에 대해 자주 말하지 말라" 했는데 요즘 죽음의 문제를 자주 떠올리게 된다. 죽음, 죽어감의 순간은 매우 충격적이고 눈물겨운 일이다. 인간은 '생주이멸(生住異滅)', 즉 생하고 머물고 변하고 없어지는 자연의 순리에 따라 죽음을 피할 수 없다. 병들어 숨을 거둔 후 시신 안치, 염하기, 입관, 가족들 마지막 보기, 땅 속에 묻히기 등의 장례과정을 보라. 그것이 우리 인생의 마지막 가는 길이다. 팔팔했던 생명이 죽어감은 순간이지만 품위 있게 죽어가기란 그리 쉬운 일이 아니다.

　사실 요새 나는 늙어가면서 "죽음이여, 머지않아 뵙게 되겠지요" 하며 나를 돌아본다. 어제는 팔팔, 오늘은 시름시름, 내일은 무덤을 생각하며 죽음을 상상해 본다. 그러면서도 "죽음아, 너를 이길 수 없을까?" 하고 묻는다. 이때 '죽음'은 단호히 말한다. "죽음은 저항할 수 없는 자연의 순리야, 신의 명령이고. 죽음은 개체 내 세포의 사멸이지. 불치병으로 고통받는 사람은 기적의 지푸라기라도 잡으려 하지만 죽음을 피할 수는 없어."

사실 그렇다. 죽음의 길, 황천길에서 담대히 받아들이는 운명, 무리한 생명 연장이나 억지 웃음을 짓지 말며, 영혼의 의식을 온전히 갖고 죽을 때가 바로 웰다잉(well dying)일 것이다. 우리말로 '고운 죽음'이다.

인간에게 죽음이란 절대적으로 알 수 없는 미지의 대상이다. 우리는 자기 죽음을 직접 체험할 수 없고, 다른 사람의 죽음을 통해서만 간접적으로 체험할 뿐이다. 그래서 '죽음'은 우리에게 이렇게 말한다. "바보야, 죽음의 체험은 없어. 어느 누구도 몰라" 하고 꾸짖는다. 그렇지 않아도 어느덧 내 몸은 낡아 버렸다. 낡아 버렸다는 것은 머지않아 버려질 존재라는 의미다. 데카르트도 "죽음은 단지 우리의 육체라고 부르는 기계의 종말일 뿐"이라고 하지 않았던가.

그런데 나 스스로 생과 사의 본질을 의심해 본다. 내가 불멸 영혼을 갈망하는가, 아니면 죽음에 무관심하거나 두려워하는 것은 아닌지 말이다. 이런 생각은 지나간 경험과 무관하지 않을 것이다. 나는 어릴 때부터 죽어 있는 시체, 이장(移葬)을 하면서 해체된 유골, 그리고 여덟 살 때 처음으로 강가에서 썩어가는 시체를 보고 놀랐다. 어릴 적 친구들과 같이 밀물에 떠밀려 온 시체를 끌어다가 모래언덕에 묻어 준 기억도 있다. 6·25전쟁 중에 인민군이 쏜 박격포탄에 피 흘리며 죽어가는 모습들을 보고 너무 무서웠다. 반짝 했던 생명이 날아가는 순간들은 참혹했다.

이렇게 한평생 다양한 죽음의 모습을 본 나는 늙어가면서 어떻게 살고 죽어야 할지를 고민하게 되었다. 이미 70대 중반을 맞이한 나로서는 믿을 수 없이 오래 살고 있는 덕에 수많은 죽음, 더 미세한 눈으로 죽음을 바라보게 된 것이다. 요즘은 신문을 보다가 '부고' 기사에 나도 모르게 눈이 쏠린다. 사망한 나이를 보면 대충 70대 중반부터 80대 초반 사이에 많이 죽는 것을 볼 수 있다. 실제로 현대인들은 예전보다 수명이 길어져 90%가 75~85세쯤에 많이 죽는다. 그런 점에서 나도 언젠가 죽는다는 것, 어떻게 죽을 것인가를 놓고 진지해지지 않을 수가 없다.

예부터 죽음 자체는 동서양을 막론하고 금기시되거나 터부시되는 주제였다. 죽음의 문제는 철학, 영화, 예술, 문학작품에서 많이 다뤄지는 존재론적 성찰 대상이었다. 대부분의 사람들은 죽음을 애써 모르는 체하려 할 뿐이다. 죽음은 숙명적으로 받아들이면서도 편안하게 웃으며 얘기하기 어려운 문제다. 아우구스투스 황제는 무소불위의 권력을 휘둘렀지만 "인간에게 있어서 삶이란 긴 죽음에 불과하다"고 말했다.

확실한 사실은 우리가 죽는다는 것, 그런데 우리가 수차례 병원을 드나들다가 차가운 병실에서 죽는다는 사실을 알면서도 잘 죽는 법을 모른다. 피할 수 없는 죽음의 성격이 확정성, 불가변성, 운명론적 의미를 띠지만 우리는 애써 외면한다.

그러나 생각해 보라. 죽음은 항상 내 곁에 있다는 사실을. 삶과 죽음은 단막극이 아니라 이어지는 것이다. 그러므로 우리는 죽음을 준비하는 자세로 살아가는 것, 죽음 이후의 삶도 바로 지금부터 대비하는 일이다. 산 고생보다 죽은 후 고통이 더 흉측스럽게 다가오는 것이다. 쉽지는 않지만 죽음을 아는 것, 그것이 곧 삶을 알아가는 지름길이다. 어떻게 살 것인가, 아니면 어떻게 죽을 것인가 하는 문제는 둘이 아니라 하나이기 때문이다.

이런 맥락에서 이 책은 우선 잘 죽는 것의 인문학적 의미로 죽음이란 무엇인가 하는 죽음의 철학적 고찰을 시작으로 죽음에 대한 두려움, 죽음에 대한 초월성과 불멸의 소망, 죽음 후에 남는 것들로 삶에 대한 추억, 후회되는 것들, 이어 삶과 죽음, 죽어감의 수용과정은 물론 좋은 죽음과 나쁜 죽음에 대해 살펴보았다. 또한 존엄사, 안락사 문제의 이해, 임종(죽음)의 권리와 죽음의 질을 결정하는 임종시 케어 문제, 죽어가는 순간의 근사 체험의 실제도 알아보았다.

이어서 심각한 질병과 마지막 생명의 선택, 최선의 치료(이익)를 받을 권리 등을 언급하면서 사회적 죽음으로 고독사, 돌연사, 개인자살, 사건사고로 인한 죽음, 그리고 삶과 죽음의 화해로서의 장상례(葬喪禮)의 미학을 살펴보고, 마지막으로 죽음의 미래 및 죽음에 대한 교육의 필요성 등의 내용으로 구성하였다. 이러한 내용은 미래에 닥칠 죽음을 잘 준비해 보자는 의미인 것이다.

그런데 웬일일까. 좋은 징조인가. 마침 이 글쓰기를 시작할 무렵 내 심정을 아는지 심오한 음악이 흘러나왔다. 구스타프 말러(G. Mahler)의 교향곡 2번 '부활'이다. 이 음악은 "삶이란 무엇이며 죽음이란 무엇인가. 우리가 영원히 살 것인가. 모두 비어 있는 꿈일까. 아니면 우리 삶과 죽음이 어떤 의미가 있는 것인가. 우리가 살아가야 한다면 이 질문에 답해야 한다"는 곡이다. 이 음악이 던지는 주제는 우리 삶과 죽음의 문제를 아우르며 우리 모두에게 성찰을 요구하고 있다. 교향곡의 질문은 이 책의 주제이기도 하다. 나는 이런 말러의 교향곡을 들으며 글쓰기 항해를 시작한다.

프롤로그   '죽음'을 글단지에 담으며   004

1장 죽음이란 : 인문학적 생사관

　　1. 죽음 : 근대적 죽음을 어떻게 볼까   016

　　　　■ 죽어가는 존재   017

　　　　■ 죽음의 주제-죽음의 문제를 어떻게 이해할까   020

　　　　■ 죽음을 생물학적으로 어떻게 볼까   022

　　2. 죽음의 인문학적 성찰   027

　　　　■ 죽음에 대한 인문학적 이해   027

　　　　■ 죽음이 주는 이미지   029

　　　　■ 죽음의 형태   032

　　　　■ 죽음은 운명인가, 영원한 멸종인가   036

　　3. 죽음의 철학 : 삶과 죽음   041

　　　　■ 왜 죽음의 철학인가   041

　　　　■ 죽음의 설교자들   047

　　　　■ 왜 죽기 싫은가   054

2장 죽음에 대한 두려움과 초월성

1. 죽음에 대한 두려움 062
   - 죽음이 왜 두려울까 063
   - 지옥에 대한 이미지와 공포 067

2. 죽음에 대한 초월성과 불멸의 소망 071
   - 죽음 이후는 다른 삶으로 이동하는가 072
   - 죽음의 초월성 076
   - 죽음과 영혼불멸설 078

3. 죽음 후에 남는 것들 083
   - 당신은 죽어서 어떤 사람으로 기억되고 싶은가 083
   - 죽음 앞에서 가장 후회하는 것들은 무엇일까 087
   - 죽음을 자신있게 받아들일 수 있을까 092

3장 삶과 죽음의 인문학

1. 죽음의 단계와 수용과정 100

2. 사람은 몇 살 즈음에 많이 죽을까 103

3. 좋은 죽음과 나쁜 죽음 107
   - 좋은 죽음이란 109
   - 좋은 죽음의 실제 115
   - 나쁜 죽음이란 119
   - 어떻게 좋은 죽음을 만들까 123

4장 죽음, 죽어감의 물음

1. 치명적 질병과 마지막 생명의 선택　130

■ 최선의 치료를 받을 권리　131

■ 식물인간 상태에서의 생명 선택　132

2. 존엄사, 안락사의 문제　136

■ 임종(죽음)의 권리　138

■ 존엄사, 안락사에 대한 법제화 추세　142

3. 죽음의 질 : 마지막 임종시 케어　149

■ 호스피스제도 확대가 절실하다　153

4. 죽음의 의료화 · 제도화 문제　156

■ 죽음의 의료화　157

■ 죽음의 제도화　160

■ 국가에 의한 죽음의 판정　163

5장 사회적 죽음

1. 핵가족화와 홀로사망(고독사, 무연사)　170

2. 개인 자살　173

3. 사회병리적 죽음 : 사건사고로 인한 죽음　179

6장 삶과 죽음의 불평등

1. 경제적 수준에 따른 건강의 불평등　185

2. 생애과정에서의 누적적 이득과 불이익 관계　188

3. 죽음의 불평등　193

7장 삶과 죽음의 화해

1. 죽음에 대한 저항 : 슈퍼센티네리언 시대의 도래   202

2. 죽어감의 순간 : 근사(임사) 체험의 실제   207

　■ 근사(近死), 임사(臨死), 가사(假死) 체험   209

3. 장상례의 미학   216

　■ 무덤친구 만들기   220

8장 미래의 죽음 : 올바른 죽음

1. 죽음의 미래 : 인간 불멸의 세기   226

　■ 죽음의 미래는 어떨까   227

2. 오래 사는 것이 축복일까?   238

　■ 에오스와 티토누스－장수의 저주   239
　■ 쿠마의 무녀 시빌레의 원망   240

3. 좋은 죽음을 어떻게 준비해야 할까   242

　■ 죽음 교육의 필요성   243
　■ 죽음의 문화 구축 방향   246

에필로그　죽음을 기억하라   251

1장
죽음이란 : 인문학적 생사관

경건한 기도 헤르만 휴고 1659년

죽음은 오직 개인의 경험적 사실이다.

죽는 순간에 어떠한 감각과 현상을 경험하는 것은

오직 개인의 영역에서만 느껴지는 그 무엇이다.

결국 죽음이란 몸이 더 이상 현존하지 않는 계기가 된다.

죽음은 이미 몸에서 떠난 것이다.

삶과 죽음의 경계선은 맞닿아 있다.

인간에게는 생의 의의, 가치, 본질을 중시하는 '생철학(philosophy of life)'과 인간을 죽음으로 향하는 존재로 보는 '죽음의 철학(philosophy of death)'이 대립하게 마련이다. '생철학'은 비이성적 내적 경험을 중시하고 생애 과정의 한계를 극복하며 오래 살고 싶은 욕망을 다룬다. 반면에 '죽음의 철학'은 모든 사람이 필연적으로 죽는다는 데서 출발한다. 죽음이란 무엇인가, 죽음에 대한 태도, 죽음의 순간, 실존주의적 죽음에 대한 형태와 범위, 그리고 죽음 이후의 영혼 문제까지 확대된다.

생명에 대한 끈질긴 욕망에서부터 죽어서도 땅 속에서 썩고 싶지 않은 것이 인간의 욕망이요 본능이다. 말을 바꿔, 그렇게 죽고 싶지 않다면 모든 시간을 무의미하게 보낼 수 없는 일이다. 우리 삶은 오로지 나혼자만의 생이요 내가 관리할 대상이다. 죽어감, 죽음의 문제도 그렇다. 어떻게 살다가 어느 날 신에게 불려갈지 모르지만 고통과 질병을 넘어 '좋은 죽음'을 준비하다가 죽어야 한다는 사실이다.

1. 죽음 : 근대적 죽음을 어떻게 볼까

너무나 간단한 것이지만 누구나 먼저 죽은 사람의 후손으로 노년의 마지막은 자신의 죽음을 대비하는 시간이다. 활동영역이 좁아지면서 노화는 사람들에게 죽을 운명에 처한 피조물임을 상기시킨다. 사실 시간 속에서 산다는 것은 죽음을 향해 산다는 것으로 매일 사망하는 사람 중 4분의 3정도가 70~80대에 많이 죽는다. 우리나라는 죽은 사람들 100명 중 14명은 65세 이상 노인들이다. 늙음과 죽음을 동일시하는 것은 위험하지만 대부분의 죽음은 노년에 일어난다.

우리는 가끔 '아름다움을 뽐내며 신나게 살더니' 갑자기 죽는 사람을 주위에서 본다. 죽음은 불쾌한 진실이다. 그러나 죽어가는 생명을 멈출 수 없다. 이와 같은 죽음을 크게 두 가지로 나눠 볼 수 있는데, 하나는 자신의 죽음을 수용하고 준비하는 것, 다른 하나는 가족과 친지 등 타인의 죽음에 대한 대처다. 전자는 자신이 죽음을 맞이하는 과정이고, 후자는 죽은 사람과의 관계를 끝내고 그로부터 해방되는 것이다.

누구나 할 것 없이 '좋은 죽음(well dying)'을 바라지만 사망 단계에 이르면 여러 방식으로 반응하며 생을 마감하게 된다.(Fitzpatrick et al, 2010)

■ 죽어가는 존재

살아 있기에 죽음도 있다. 우리는 태어난 순간부터 죽기 시작한다. 모든 생물은 언제나 죽을 수밖에 없는 존재다. 미국 작가 찰스 부카우스키(Bukowski, 2015)는 흔한 죽음을 빗대어 "사람들이 죽음을 주머니에 넣고 다닌다"고 했다. 삶이 바쁘다 보니 남의 죽음이든 내 죽음이든 질병에 시달리다가 속절없이 죽는다. 죽은 자는 먹지도 않고 굶주리지도 않고 목마르지도 않고 음식이 있어도 먹을 수 없고 말이 입에서 나오지 않고 코에서 나오는 숨소리도 들리지 않는다. 시간 앞에서 무너지는 생명이 그렇다. 인간의 사랑과 욕망의 끝에는 결국 죽음이 있을 뿐이다. 죽음의 상징인 해골은 우리 삶의 유한성을 암시한다.

어느 날 "할부지, 죽음이 어디 있어?" 하고 꼬마가 물었다. 대답이 궁색했다. 죽음을 말하지만 실제로 죽음이 이렇다 하고 단정적으로 말할 수는 없다. 죽음은 삶의 전환이고 감각 경험의 끝이라고 하지만 저 너머 어딘가에 그 자체로 존재할 뿐이다. 사실 죽음에 대한 논쟁이 계속되지만 불가사의한 주제다. 그동안 죽음에 대한 얘기 자체가 금기시되어 왔기 때문이다. 마치 죽을 것 같지 않은 것처럼 살다가 마지막 혼자서 죽어가는 존재들이 아닌가.

죽음은 오직 개인의 경험적 사실이다. 죽는 순간에 어떠한 감각과 현상을 경험하는 것은 오직 개인의 영역에서만 느껴지는 그 무엇이다. 결국 죽음이란 몸이 더 이상 현존하지 않는 계기가 된다. 죽음은 이미 몸에서 떠난 것이다. 삶과 죽음의 경계선은 맞닿아 있다.

그리고 인간의 죽음은 분명히 삶의 현실적 비극이다. 이런 죽음은 크게 신체적 죽음, 사회문화적 죽음, 유전적 죽음(種의 죽음) 등 세 가지로 나눠 볼 수 있다. 그 의미를 다시 살펴보자.

첫째, 신체적 죽음은 몸과 마음, 외모의 죽음으로 정신적 죽음, 욕망의 죽음, 기억력의 죽음, 의지의 죽음, 생식의 죽음이 포함된다. 나이를 더해 가면서 비만, 당뇨병, 고혈압, 심혈관계질환, 관절염, 우울증, 암 등 다양한 병증의 위험인자들이 증가하면서 죽음에 이른다. 태어나 배냇저고리 입다가 죽어서 주머니 없는 수의를 입고 가는 것이 죽음이다.

둘째, 사회문화적 죽음은 개인의 생애 과정에서 가족에게 남긴 일, 사회활동의 결과로써 사회에 자기 이름을 남기는 것, 개인의 아이디어, 재능으로 사회에 미치던 영향이 끝나는 것이다. 죽어도 개인의 영향력은 사회통합과 불멸의 원자가 되는데, 가령 문화적 죽음은 군경, 국가유공자들의 죽음에 대한 위령제를 통해 그 정신을 계승해 가는 데서 이해할 수 있다. 죽어도 사회 속에서 기억되며 후손들에게 영향을 미치는 죽음이다.

셋째, 유전적 죽음은 자신이 죽음으로써 더 이상 자식들에게 유전자를 물려줄 수 없는, 즉 종(種)의 역할이 끝나는 상태다. 죽음으로써 더 이상 혈육이 계속 전승되지 않는 형태다. 말하자면 DNA 같은 종족의 계승이 끝나는 죽음이다. 신체적 유기체의 노쇠로 인한 생리변화 또는 인지적·정신적·육체적 능력의 쇠퇴와 함께 유기체의 적응능력과 생식기능이 정지되는 상태다.

그런데 생명이 끊어지는 전후 시간적으로 몇 초 몇 분의 경계가 있다.

나중에 언급하겠지만 온전한 생명을 유지할 때와 완전한 죽음 사이에는 어떤 회색지대가 있다. 그 회색지대는 건강하지 못한 상태로 장애로 인한 고통, 질병 등의 와상상태로 있다가 의식의 상실, 죽음을 맞이하게 되는 '순간'의 시간이다. 이런 상태의 마지막 단계가 임종 단계다. 삶과 죽음 사이에 나타나는 임종은 죽음에 임박한 환자가 보이는 증상을 통해서 짐작할 수 있다.

예를 들어 임종 단계에 이르면 소변 배출량이 줄고 호흡이 변하고 가래가 끓으며 혈액순환 장애로 인해 피부가 검푸른 색과 함께 자주색 반점이 나타난다. 레프 톨스토이(2012)의《이반 일리치의 죽음》에서 이반 일리치가 임종 두 시간 전에 "수척해진 몸을 계속 부들부들 떨고, 헐떡거림과 벌렁거리는 숨소리가 희미해졌다. '임종하셨습니다. 죽음은 마지막입니다. 이제 죽음은 없는 것입니다'"라고 한 표현들이 그렇다. 죽음은 객관적 필연이다.

다시 말해 "어떻게 죽는가"이다. 죽어감의 상태는 일반적으로 몸의 기능 상실(죽음의 시작)-의식 소멸-완전 죽음 선고(He is dead) 등으로 설명된다. 특히 죽어감은 '살아 있음'에서 '완전 죽음(fully dead)'이라는 삶과 죽음의 관계다. 구체적으로 ▷신체적 기능이 하락하는 실신 단계, ▷눈이 감긴 상태에서 뭔가 불꽃 같은 환영을 맞는 혼란 단계, ▷순간의 두려움, 후회, 분노의 얼굴 찌푸림의 순간, ▷신에 의지하는 순종 단계, ▷평화롭게 숨을 거두는 단계로 이어진다.

하지만 우리는 언제 어떻게 죽을지 아무도 모른다. 대부분의 사람들은 자기가 소원하는 자연사가 아닌 질병, 사고, 자살로 생을 마감한다.

멜라니 킹(King, 2008)이 말하듯이 "죽음은 실로 우리 각자의 삶만큼이나 독창적일 수 있다." 문제는 생명의 소생 가능성이 없을 때 자기의 "죽음을 어떻게 선택할 것인가" 하는 문제 역시 개인의 선택과 의학적인 판단에 따를 수밖에 없다. 의사들은 자기 소명에 따라 환자를 돌봐야 하는 '치료집착'에 매달리게 되는데, 이때는 죽어가는 자의 인간으로서의 존엄성이 훼손되기 쉽다.

■ 죽음의 주제-죽음의 문제를 어떻게 이해할까

《티벳 사자의 서》(2012)라는 책이 있다. 여기에 보면 죽음은 삶과 하나의 기술이고 예술이다. 삶과 죽음은 따로 존재하는 것이 아니라 하나로 보고 있다. 죽음의 기술은 죽음을 좋은 미래로 들어가는 하나의 문이고, 또한 죽음을 또 다른 가능성의 세계로 만들어가는 것이다. 죽음은 무한대(inform)로 사라짐을 말한다. 죽음을 막을 수 있는 만병통치약이나 죽어가는 생명을 되돌릴 수 있는 기술은 없다는 얘기다.

그리스어로 죽음을 의미하는 타나토스(Thanatos)는 항해자(Nautes)라는 단어와 묶여서 '영계의 탐사자'라는 뜻을 나타낸다. 죽음은 이런 어원에 따라 다시 '죽음학'이라는 타나톨로지(Thantology)라는 학문으로 발전했다. 죽음학에서 보면 20세기 후반부터 의학적 심리학에서 주의 깊게 다뤄지는 분야로 확대되고 있는데, 여기서는 죽음의 유형(자연사, 자살, 사고사), 죽음과 사회제도(죽음과 종교, 전통의례), 죽음과 윤리(안락사, 죽을 권리), 죽음과 치료(병원, 호스피스), 죽음과 개인의 대처(장례, 유언장)

등이 주요 주제로 다뤄지고 있다.(Kearl's Thanatology, 2012)

또한 스피노자가 암시하듯이 인간이 추구하는 철학적이며 윤리적인 자유, 행복, 기쁨이라면 죽음도 이 세 가지 차원과 밀접하게 연결돼 있다. 죽음보다는 살아 있는 존재로서의 목숨이 있는 한 자유, 행복, 배려를 더 중시한다. 윌러드 스콧(W. Scott)은 《삶의 열정에는 마침표가 없다》(2004)에서 영원히 살 것처럼 오늘을 살자고 했다. 동시에 그는 좋은 죽음으로 가기 위해 하나의 생물로서 살아 있는 동안 스스로의 목숨을 부지하면서 자아를 구성하고 나름대로의 의미 있는 삶을 만들어가는 존재로 살아가자고 외쳤다.

반면에 요한 하위징아(Johan Huizinga)는 《중세의 가을》(2012)에서 추상적이지만 죽음의 문제 세 가지 주제를 이렇게 제시했다.(266~273쪽)

- 한때 이 지상에서 엄청난 영광을 누렸던 사람들은 모두 어디로 갔는가. 예전의 영광은 모두 어디로 갔는가.
- 한때 이 지상에서 아름다움을 구성했던 모든 것이 끔찍스럽게 부패해 버리는 사실은 어떻게 된 일인가.
- 어느 시대 어느 직업의 사람이든 그를 휩싸고 도는 마카브르 (macabre, 해골, 죽음의 이미지)란 무엇인가.

그리고 요한 하위징아는 죽음 전에 찾아오는 마음상태(아르스 모리엔디, ars moriendi)로 악마가 죽음을 재촉하는 다섯 가지 유혹에 대해 말했다. 그것은 신앙에 대한 의심, 자신의 죄악에 대한 절망, 세속적 사물에 대한 애착, 자신의 고통에 대한 절망, 자신의 미덕에 대한 교만 등을 꼽았다. 그런 연유로 신은 우리에게 저승으로 데려간다는 다양한 신호를 계속 보내고 있지만 우리는 이를 알아채지 못할 뿐이다.

우스갯소리로 일찍 죽어가는 사람이 "왜 죽음을 알려 주지 않았느냐"고 염라대왕에게 항의했다. 염라대왕은 그에게 "이웃의 서른다섯 먹은 사람이 죽고, 네 친구가 스물아홉에 죽지 않았더냐. 더구나 열 살도 되지 않은 아이와 어린애, 젖먹이도 죽지 않느냐"고 꾸짖듯이 말했다. 죽음이 언제든지 올 수 있다는 경고의 메시지다. 그러나 인간은 이를 알아차리지 못하고 유한한 삶을 소비할 뿐이다. 그러다가 방바닥에 뒹굴하며 살다가 죽는 존재들이다.

■ 죽음을 생물학적으로 어떻게 볼까

필자가 '죽음학(생사학)'을 전개하는 것은 아니다. 현대 '죽음학'에서는 죽음과 관련된 법과 윤리문제, 의학, 문화, 종교의 의미와 대응방법을 연구해 삶과 죽음의 본질을 분석한다. 안락사, 호스피스, 사형, 자살, 장례 등을 다루는데, 어떻게 하면 몸과 마음이 고통스럽지 않은 상태에서 죽음을 맞이할까 등을 연구하는 영역이다. 죽어가는 사람의 마지막 문제들을 다루는 학문인 셈이다.

죽음은 '의미 있는 것-의미 없는 것'이다. 다만 생명과 죽음은 오버랩 된다. 누구나 이승을 떠나는 죽음은 '자발적인 심장 박동과 호흡이 없고 통증과 반응이 없는 것'이 생물학적 인체의 죽음 상태다. 죽음은 정지요 육체의 해체다. 한 예로 장자(莊子)는 죽음을 기(氣)의 상실로 보았다. "사람의 생은 기가 모인 것이다. 기가 모이면 살고 흩어지면 죽는다(人之生 氣之聚也 聚則爲生 散則爲死)." 하지만 어느 누구에게나 '죽음'은 두렵고 무서운 일이 아닐 수 없다.

또한 죽음학의 입장에서 보면 죽음이란 육체의 죽음에 불과하고 영혼의 차원에서 보면 죽음은 존재하지 않는다. 또한 삶의 세계와 죽음의 세계는 공존하게 된다. 생은 홀로 있는 것이 아니고 그 속에 죽음도 포함되어 있다. 그래서 노년학 학자들은 "우리의 뇌, 정신, 관계 능력은 충분한 음식과 사랑, 건강, 격려가 있으면 계속 성장하다가 각종 질병에 걸리고, 따라서 언제 죽음이 우리 몸을 덮칠지 모른다"고 했다. 이어령 교수는 82세에 이르니 "죽음이 생과 함께 있었지만 이제는 죽음과 직면했다"고 술회했다.

이렇게 죽음이란 삶에 대한 두려움이고 아름다운 몸과 즐거움에 대한 부정이다. 누구나 한때 아주 힘 있고 용감한 청년이었을 것이다. 하지만 지금은 재(災)가 되는 날을 기다리는 나이가 되었다. 당신이 태어날 때 키는 50cm 남짓, 몸무게는 3.3kg 정도에 60조 개 세포로 생겨났다. 그러나 늙어가면서 성장이 멈추고 몸이 자주 아프니 병원을 찾게 된다. 이때 저승사자에게 때때로 말을 건넨다. "이봐, 언제쯤 날 데리고 갈 거야?" 하고 말이다. 노인들의 경우 살아간다기보다 죽음을 앞두고 '머문다'는 말이 옳을 것이다.

사실 나이와 관계없이 만나게 되는 죽음은 너무나 큰 질문이다. "죽음아, 넌 뭐니?" 하고 물어도 죽음은 말이 없다. 그렇지만 "모든 인간은 죽는다. 나는 인간이다. 고로 나도 죽는다"는 말은 불편한 진리다. 다만 누구나 품위 있는 죽음을 원할 뿐이다. 품위 있는 죽음은 한 사회의 삶의 질을 가늠하는 척도다. 잘 죽는 것이 잘 사는 것의 완성이라는 웰다잉은 웰빙(well being)의 진화된 개념으로 볼 수 있다. 웰다잉은 영혼의 성숙과 사랑의 실천을 의미하는 '품위 있는 죽음' 이라고 할 수 있다.

다시 덧붙이면 인간의 성장과 노화, 죽음은 태어나면서부터 인생 전 과정의 연속성이다. 죽음은 노쇠해지면서 일어나는 생물학적 손실 과정이다. 처음부터 정해진 진행이다. 귀도 잘 안 들리고 눈도 침침해지는데 이런 노쇠 현상을 의학적으로 '부분사망' 이라고 한다. 부분사망이 누적되다 보면 진짜 죽음이 온다. 그러니 누구나 죽음으로써 모든 것을 잃는다는 의미에서 무(無)로 돌아가는 것이다.

죽음과 영혼의 상실은 생명의 에너지가 단절되는 것을 의미한다. 6 · 25전쟁 때 죽은 시체가 바닷가에 떠밀려 온 것을 본 기억은 한평생 잊을 수 없는 사건이다. 그때 겁도 없이 시체를 친구들과 함께 끌어다가 모래 언덕에 묻어 준 적이 있다. 시신은 물고기에 이리저리 뜯긴 채였다. 죽으면 몸으로 느끼는 보기(觀), 맛보기(味), 깨닫기(悟), 애욕(愛) 그리고 영적 · 내적 감각 등이 모두 상실되는 것이다. 이를테면 생물학적으로 이런 것들을 잃게 된다.

- 육체를 잃는다.
- 모든 삶의 과정을 잃는다.
- 미래를 잃는다.

- 개체로서의 삶을 마감하는 것이다.
- 가족과 친지로부터 떠나는 것이다.
- 삶의 의미와 지속성을 잃는 것이다
- 고통이 없어지는 것이다.

결론적으로 죽음이 뭔가. 우리는 죽음을 잘 모르면서 불안해하거나 두려워한다는 사실, 즉 죽음을 바라보는 시선도 미숙하다.(Fortner & Neimeyer, 1999) 진정으로 죽음을 잘 모를진대 죽음이 자연으로의 회귀인가, 아니면 천당, 극락으로 가는 것인가. 과연 오래 살다가 죽으면 행복한 죽음인가 하는 의문이 생긴다. 대부분의 사람들은 죽음에 대해 교육받지도 않았고 죽음을 준비할 마음의 여유조차 갖지 못했다. 그저 갑자기 죽어감, 죽음에 부딪히면 원초적 본능이나 관습에 따라 생각하고 처리될 뿐이다.

참고자료

월러드 스콧(W, Scott, 2004), 박미영(역), 《삶의 열정에는 마침표가 없다》 서을 : 크림슨.

요한 하위징아(Johan Huizinga, 2012), 이종인(역), 《중세의 가을》, 서울 : 연암서가.

톨스토이 레프(2012), 이강은(역), 《이반 일리치의 죽음》, 서울 : 창비.

찰스 부카우스키(C, Bukowski, 2015), 설준규(역), 《죽음을 주머니에 넣고》, 서울 : 모멘토.

파드마삼바바(2012), 류시화(역), 《티벳 사자의 서》, 서울 : 정신세계사.

Deeken, Alfons.(2009), An Inquiry about Clinical Death : Considering Spiritual Pain. Keio J Med, 58(2), 110-119.

Fitzpatrick, J., Eileen M Fitzpatrick., William Colby.(2010), A Better Way of Dying: How to Make the Best Choices at the End Life, New York : Penguin Book.

Fortner, B. V., Neimeyer, R. A.(1999), Death Anxiety in Older Adults: A Quantitative Review. Death Studies, 23(5), 387-411.

Kearl's Thanatology.(2012), Kearl's Guide to Sociological Thanatology, http://www.trinity/edu/mkearl/death.htm.

King, M(2008), The Dying Game, Oxford: Oneworld Pub.

2. 죽음의 인문학적 성찰

왜 죽음, 죽어감의 인문학인가. 죽음의 인문학에서는 철학에서 다루는 죽음의 의미와 크게 다르지 않다. 죽음의 인문학의 목적은 우리들로 하여금 좋은 죽음, 훌륭한 죽음, 죽음에 대한 좋은 이미지를 갖도록 하는 데 있다. 그 내용은 죽음을 어떻게 볼 것인가 하는 문제를 시작으로 죽음의 의미, 생과 사, 죽음의 형태들, 죽음과 운명, 자연사, 자살, 살인, 죽음의 의료화, 죽음과 내세, 종교와 실존주의에 대한 폭넓은 탐구 내용이 포함된다. 죽음에 대한 실체, 개념은 생명의 유한성 때문에 시간에 대한 철학적 질문과 맞닿아 있기 때문이다.(Bradley, et al, 2013)

■ 죽음에 대한 인문학적 이해

죽는 사람이 다른 사람들에게 죽음의 경험을 얘기할 수 없지만, 다만 죽을 때(목숨이 끊어질 때)까지는 죽음을 체험할 수 있다. 죽음은 개인의 독점적 경험일 뿐 절대적으로 미지의 사건이다. 죽음과 존재, 삶 전체와의 관계는 생명을 지닌 채 불완전한 경험을 기반으로 하여 삶의 궁극적인 사건으로 죽음을 보는 것이다. 이런 질병, 고통, 죽음 등은 언젠가 다발적으로 우리에게 밀려오기도 한다. 죽음은 도둑같이 우리가 예측할 수 없을 때 어두운 힘으로 어떻게 할 수 없이 어떤 규칙 없이 찾아온다. 오늘, 내일, 30년 후에, 하지만 분명한 것은 내 마음대로 오는 것이 아니고 아무 때나 예고 없이 오는 것이 죽음이다. 일종의 이승을 끝내는 사건(termination)일 뿐이다.

보통 인문학은 인생에 대해 조언하는 가치 있는 내용들을 담고 있다. 선과 악, 아름다움과 추함, 문학과 예술, 삶과 죽음, 전쟁과 평화, 인격 교양 등의 문제를 주로 다룬다. 물론 존재의 죽음은 모든 분야에서 다루는 주제다. 죽음을 다루지 않는 인문학은 죽은 인문학이다. 이렇게 인문학이 중시된다면 당연히 죽음은 인문학의 주요 탐구 대상이 된다. 특별히 죽음의 인문학은 죽음에 대한 두려움, 공포, 회피, 단순한 의학적 판단에만 있는 것이 아니라 죽음에 대한 깊은 이해, 계몽을 통한 살아 있는 인문학이 될 수 있어야 한다는 사실이다.

분명한 사실이지만 자연 우주 속에서 인간도 다른 동물과 같이 죽어간다. 시체라는 의미는 가진 것을 다 빼앗긴 상태. 수없이 계속되는 신체의 통증, 심적 고통 속에 죽어가는 것이다. 게다가 테러, 전쟁, 전염병, 사고 등으로 인한 사회적 죽음도 계속되고 있다. 때로는 나치의 유대인 학살 같은 집단 학살은 '죽음의 정치'라는 논쟁을 불러일으킨다. 과연 이러한 죽음의 현장에서 죽음의 인문학은 적절한 답을 줄 수 있는가. 물론 그 답이 쉽지는 않겠지만 우선 죽음에 대한 깊은 이해와 삶의 가치와 판단, 그리고 인간 존재를 둘러싸고 있는 전체와의 관계에서 살펴볼 필요가 있다.

뿐만 아니라 우리는 개인적으로 사망 혹은 죽어감에 어떻게 대처하는

가 하는 문제다. 이를테면 죽음은 늘 불행한 사건인가, 조기 사망은 불행하고 나쁜 죽음인가, 죽음이 가족과 사회에 어떤 의미가 있는가 등에 대한 개인의 대처, 그리고 죽음을 준비하는 데에 도움을 주는 것, 이것이 죽음에 대한 인문학적 역할이다. 특히 죽음의 인문학은 노년기 죽음의 그림자가 드리울 때 그 삶의 의미를 찾고 통합하는 데 도움을 준다. 잘 사는 삶(life well lived)의 마침표가 바로 잘 죽는 것이라는 사실을 일깨워 줘야 한다는 말이다.

■ 죽음이 주는 이미지

죽음에 관한 이야기는 사적인 영역으로 일상적 대화에서조차 금기시되어 왔다. 까마득한 옛날부터 죽음은 두렵고 나쁜 일로만 인식되어 왔다. 동서고금을 막론하고 사람들은 죽음의 문제를 애써 피해 왔다.

그러나 근세에 와서는 죽음이 삶의 한 부분이라는 사실을 깨닫게 되면서 죽음의 문제는 삶의 현실로 들어왔다. 프랑스 철학자 몽테뉴는 죽음을 종결, 상실로 보지 않고 삶의 과정으로 받아들였다. 로마 정치가 키케로 역시 철학자들의 전 생애는 죽음에 대한 걱정으로 보낸다고 했다. 그리스 수학자요 종교가인 피타고라스는 육체를 영혼의 무덤이라고 봤다. 영혼의 다른 이름은 정신, 이성, 마음인데, 이런 것들은 죽음과 달리 불멸성을 지닌다고 했다.

반면에 스피노자와 쇼펜하우어는 죽음은 극히 개인적인 사건이고 당연한 것이어서 증명할 가치가 없다고 했다. 죽음은 인간으로서 어찌

할 수 없는 것으로 그 이해의 바탕에는 '죽을 때는 아무도 모른다'는 의미가 깔려 있다. 스피노자는 자신의 사유를 삶의 철학으로 규정하면서 죽음을 의미 없는 것으로 보았다. 윤리학적 측면에서도 죽음은 불안으로부터 인간을 해방시키려는 신의 기획이라는 것이다. 다시 말해 죽음의 불안에서 벗어나려면 죽음에 대한 개념이 우선되어야 하는데, 스피노자가 쓴 《에티카(Ethica)》(2006)에서는 육체와 영혼은 하나라는 심신 일원론적 입장에서 삶, 인식, 존재, 영원에 대한 깊은 이해를 촉구하고 있다.

또한 죽음은 사회적 상호작용 속에서 다양하게 작용하고 표현된다는 사실을 간과할 수 없다. 죽는다는 것은 미래의 기획, 가치와 즐거움이 사라지는 사건이다. 사람이 죽었을 때 더 이상 즐거움이 없고 스스로 뭔가를 할 수 없다는 사실이 두려운 것이다. 죽음은 삶의 과정에서 사회적 업적, 선행에 관계없이 찾아오는 것도 또 다른 두려움이다. 오히려 좋은 삶을 살았거나 큰일을 한 사람이 죽음을 두려워하면서 더 비극적인 죽음을 맞기도 한다. 죽음에 대한 각자의 반응은 정상적/비정상적, 적절함/부적절함, 옳고/그름을 분간할 수 없을 정도로 다양하다.(Neumann, Ann, 2016)

시간적으로 순간과 영원은 하나로써 계속된다. 죽어가는 순간이나 타인의 죽음을 볼 때가 사실 '진실의 순간(moments of truth)'을 느낄 수 있다. 진실의 순간은 희로애락의 삶 속에서 경험된다. 예를 들어 가장 친한 친구로부터 "여보게, 나 먼저 가네"라는 전화가 걸려왔을 때 어떤 생각이 들까. 이때의 생각이 바로 연민이요 진실의 순간이다. 마지막 작별 인사지만 거동이 불편해서 혹은 너무 멀어서 그 친구를 찾아가 볼 수 없다면 아마도 눈물 속에 자신의 죽음도 생각해 볼 것이다. 그리고 사람은 타인의 죽음에서 내 죽음의 이미지, 내 죽음을 보게 된다.

그런 점에서 죽음의 모습과 그 의미를 다시 되새겨 보자.

- 시간적 존재로부터의 절멸이다. 우리는 생산의 존재들이다. 삶의 공동체로부터 분리되고 가급적 빠른 시간 내에 시신으로 처리된다.
- 죽음 자체가 자연적이고 해방되는 순간으로 간주되지만 죽음을 받아들이지 못하는 충격적인 죽음으로 받아들여질 수 있다.
- 죽음은 비이성적 방법으로 찾아오는 마지막 이벤트다. 갑작스러운 사건으로 자기 삶을 정리할 틈도 없이 죽는 경우가 많다.
- 죽음에 대한 임의의 의미를 부여할 수 없을 뿐더러 죽음은 부정적이고 터무니없는 사건이다.
- 사람들은 죽음을 삶의 끝으로 받아들이지 않고 영생을 꿈꾼다. 현재의 순간을 초월하여 미래를 본다. 임종 시 신과의 초월적 만남을 통해 천국으로 옮겨 가는 것을 소망한다.

이미 언급한 바와 같이 모든 생명체는 그 존재 자체로서 시간에 예속되어 있다. 지렁이도 건드리면 죽기 살기로 도망가지만 세상의 모든 생명은 유한하다. 한 생명체로 살아가지만 죽음을 건너뛸 수 없다. 내가 죽으면 나는 존재하지 않는다. 죽음은 모든 일상을 끝내는 사건이다. 죽음에는 거짓이 없다.

그런데 죽음의 이미지가 왠지 음산하고 두렵기만 하다. 그리스 철학에서 말하는 형상(形相, form, image)의 의미, 플라톤이 말하는 "에이도스(Eidos), 즉 사회적 제도와 심성에 기초해 볼 때 죽음의 이미지는 마카브르(macabre)라는 유령, 해골, 공포"로 다가온다. 사실 우아한 시체는 없다. 빙긋 웃는 시신도 없다. 죽음은 결코 아름답지 않다. 그러나 죽음은 본질적으로 비존재(사망)이기에 나쁘지 않다는 것이 현자들의 결론이다. 다만 인간의 비극은 너무 일찍 죽는 것이라기보다는 너무 늦게 삶의 의미(지혜)를 아는 것이 인간의 한계다.

■ 죽음의 형태

우선 문장 구성에서 삶과 죽음인가, 아니면 죽음과 삶인가. 우리는 흔히 '생사'라고 하지만 영어에서는 주로 '사생', 즉 '죽음과 삶(dead or alive)'이라고 표현한다. 즉 죽음을 먼저 앞세운다. 씨앗이 썩어야 생명이 있다는 것, 그리고 피와 희생을 동반한 죽음은 생명 부활이라는 비밀의식이 깔려 있다. 세상이 좋든 싫든 모두가 죽어야 다른 생명이 전승된다는 뜻이다.

그럼에도 우리는 이런 자연의 순리를 잊고 죽음에 대해서도 잘 모른다. 죽음의 필연성을 잊고 사는 것이다. 게다가 현대는 자연스런 죽음(natural death)이 점점 어려워지고 있다. 매년 발표되는 사망자 중에 5명 중 1명만이 순수한 자연사다. 좋은 죽음은 결코 쉬운 일이 아닌 듯하다. 항상 실존적 고통과 연민이 남는 것이 죽음이다.

그러나 문제는 존엄하게 죽는 것이 우리 소원이다. 존엄과 죽음은 같이 있다. 모든 사람은 좋게 죽을 가치가 있다. 좋은 죽음은 믿음과 가치에 기초해 존엄 있게 죽어가는 것을 말한다.

우리는 어떤 결말 없이 죽지만 잘 죽는 것은 인생의 끝자락에서 만나는 현실적 현존의 문제다. 우리는 췌장암, 간암, 폐암, 난소암, 위암 등을 진단받으면서 가족들이나 의사들은 "좀 더 빨리 발견했더라면" 하고 안타까워하지만 막을 수가 없다. 악마의 장난으로 생명이 박탈되는 것이 아쉬울 뿐이다.

이와 관련해 근대사회에서는 죽음의 유형을 개인의 죽음(나의 죽음), 사회적 죽음, 자연적 죽음, 갑작스런 죽음, 관리 통제되는 죽음, 행복한 죽음 등 여러 가지로 나누고 있다. 비슷한 말이지만 미국 UCLA '죽음학' 교수 슈나이드먼(E, Shneidman, 2001)은 자연사, 사고사, 자살, 타살(살인)의 네 가지 형태로 나누고 '좋은 죽음'의 기준 내지 '최적의 죽음(optimal dying)'에 대해 열 가지를 제시했다. 그 내용을 간단히 요약해 보자.

1) 자연적(natural) 죽음 : 어떤 사고, 자살, 타살이 아닌 정상적 노화에 의한 천수를 다한 죽음이다. 흔히 천수를 다하고 사망했을 때 '호상(好喪)'이라는 의미와 같은 것이다. 죽어가는 현장에서 비극과 희극이 교차하지만 연명 치료 없이 세상을 떠나는 죽음도 이에 해당된다.

2) 성숙된(mature) 죽음 : 70세 이후 치매 혹은 알츠하이머병 같은 뇌질환 없이 맑은 정신을 유지하다가 죽는 형태다. 죽는 것이 겁나지만 병원에 가는 일 없이 맑은 정신을 유지하다가 2, 3일 앓고 죽는 것이다.

노년 후기를 살아간다면 그냥 내 침대에서 어느 날 깨어나지 않는 것도 성숙된 행복한 죽음일 수 있다.

3) 예측되는(expected) 죽음 : 사고와 같은 갑작스런 죽음이 아니라 질병으로 인한 시한부 생명이라는 의사의 진단을 받고 죽는 경우다. 예를 들어 말기암 판정을 받은 환자가 4~5개월 생존하다가 죽는 것인데, 몸은 의사에게 맡기고 목숨은 하늘에 맡기는 것이다.

4) 명예로운(honorable) 죽음 : 실패 없이 혹은 어떤 상처 없이 가족과 사회에 기여하고 죽는 사람들이다. 죽어감 혹은 죽음에서 자기 삶을 다시 돌아보고 가족 간, 이웃 간에 사랑을 나누고 떠나는 것이다. 수많은 죽음 중에서 '품위' 있게 죽는 것이다.

5) 준비된(prepared) 죽음 : 자신의 가치와 명예를 지키며 하고 있던 일을 잘 마무리하고 죽는 것이다. 준비된 죽음은 설사 치명적인 병이 들어도 겁을 먹거나 두려움 없이 자기 할 일을 다 해놓고 세상을 떠나는 모습 같은 것이다. 유언장을 써놓거나 장례 절차까지도 당부하고 죽는 것이다.

6) 받아들이는(accepted) 죽음 : 나이 들어 죽어감을 순수히 받아들이는 것, 죽음을 겁내지 않고 초연하게 영광스럽게 당당하게 받아들이는 죽음이다. 수술, 방사선 치료 등 적극적 치료(cure)가 아닌 가족들의 돌봄(care)을 택해 존엄하게 죽음을 받아들이는 것이다.

7) 문명화(civilized)된 죽음 : 생명의 한계를 직시하고 꽃을 사랑하고 그림과 음악 등의 취미생활을 하다가 여유롭게 열린 마음으로 죽음을 맞이하는 것이다. 글쓰기, 문화예술을 즐길 때 치매 등 정신적 질병 없이

죽을 수 있다. 머릿속을 어지럽히는 치매 싹이 자라지 않도록 하다가 죽는 것이다.

8) 세대전승(generative)의 죽음 : 혈육의 계승, 삶의 지혜, 가풍 등을 후손들에게 가르치고 죽는 것이다. 가풍 내지 노인들의 지혜를 후손들에게 잘 전승할 때 가족 전통은 물론 인간 공동체를 이루는 힘이 된다.

9) 후회(regretful) 없는 죽음 : 죽음에 임박해 후회한들 소용이 없지만 지난 생애를 돌아보며 후회나 슬픔 없이 죽는 것, 하던 일을 잘 끝내고 죽는 것이다. 가능하면 "If only(이랬으면 좋았을 턴데)"하는 과거에 대한 후회와 미래에 대한 두려움 없이 죽는 것이다.

10) 평화로운(peaceable) 죽음 : 죽으면서 가슴에 분노, 독을 품지 않고 떠나거나 아니면 고통 없이 죽는 것이다. 고통은 중병환자의 70%가 경험한다. 신체적 상실 없이 자유의지 속에 가족 및 이웃들의 사랑을 받으며 미련 없이 평화롭게 죽는 것이다.

그리고 우리가 볼 수 있는 죽음의 형태는 또 있다. 이를테면 좋은 죽음에 대비되는 개념으로,

- 안타까운 죽음 : 이런 죽음은 가족과 같이 못한 죽음, 무의미한 치료를 받다가 고통 중에 죽는 죽음, 준비 없는 죽음이다.
- 부정적 죽음 : 이는 집이 아닌 병원, 호스피스병동, 요양원 등 공공시설에서 외롭게 허망하게 죽는 것이다.
- 나쁜 죽음 : 이 죽음은 자살하거나 갑작스런 사고 혹은 고독사, 무연

고 사망이다. 그런데 사람들은 좋은 죽음보다 나쁜 죽음으로 생을 마감하는 경우가 많다.

죽음의 발걸음은 이어진다. 죽음은 우연이 아니라 예정된 객관적 필연이다. 활이 활시위를 떠나는 순간과 같은 것이 죽음 아니던가. 아툴 가완디(Autul Gawande)는 《어떻게 죽을 것인가》(2014)에서 "아름다운 죽음은 없다. 그러나 인간다운 죽음은 있다. 혼자서 설 수 없는 순간이 곧 온다"고 했다. 노년기에는 1%의 가능성으로 9988하게 살다가 2,3일 앓다 죽는 것이 소망이요 인간다운 죽음일 것이다.(우정, 2010) 그것도 내 집에서 가족들의 보살핌 속에 내 침대에서 죽는 것이 모든 사람들의 소망이다.

■ 죽음은 운명인가, 영원한 멸종인가

죽음은 스스로 선택할 수 없는 인생 여정이다. 출생도 우리 선택이 아니듯 죽음도 선택할 수 없다. 우리 삶과 죽음이 내 뜻대로 되지 않는다는 사실을 누구나 경험하며 살아간다. 피할 수 없는 운명으로 오는 것이 죽음이라는 말이다. 죽음 또한 내 의지와 상관없이 다가오는 것, 이것이 운명의 힘인지도 모른다. 죽음이란 그림자가 나도 모르게 문턱 앞에 와 있을 것, 아니면 더 살아야 한다는 어떤 힘(운명)이 강하게 작용함으로써 잠시 내 죽음을 물리치고 있는지도 모른다.

죽음은 누구나 피할 수 없다. "저렇게 이쁘고 아름다운 여자도 죽을까?" 하지만 예외는 없다. 전통적으로 인간의 수명은 하늘에 달려 있다는 의미에서 죽음을 운명론, 숙명론으로 받아들였다. 이러한 생각은 대개 영혼이 없다는 무신론자 내지 절멸론자(annihilationist)들로부터 나왔다. 죽음을 단지 자연현상으로 보면서 죽음과 자연을 설명하는 데 있어서 신의 개입을 거부하는 태도를 보였다.

하지만 인간 존재 자체는 자기 운명의 주체다. 죽음은 마지막이자 운명이요 주체의 죽음이다. 운명을 믿을 것은 아니지만 운명이란 확실히 선택할 수 없는 그 무엇이다. 죽음은 우리 생명과 불가분의 관계를 갖는다는 점에서 운명적이다.(구인회, 2015) 생명은 세포로 성장하다가 세포의 상실과 분열에 의해 죽는다는 것을 의미하며 생명이 있는 곳에 죽음도 같이 있다. 죽음의 정체는 무엇인지 알 수 없지만 자연의 순리요 운명이다. 죽음은 숙명적으로 우주의 끝, 사물의 마지막 끝이다.

그러면 죽음이 영화나 연극처럼 끝나는 삶의 끝인가. 형이상학적이지만 죽음은 끝이 아니라 끝이 없다고 한다. 죽음과 부활의 신앙을 전하는 기독교가 그렇다. 한 개인은 죽지만 자손들에 의해 혈육으로 이어지는 영원성을 지닌다는 견해도 있다. 사회적 기여를 통해 나의 행적이 사회사적으로 전승되어 영원히 살게 된다는 논리도 있다. 그래서 인간은 적어도 멸종(extinction)은 아니라는 것이다. 스피노자에게 있어서 죽음이란 개별적으로 죽음을 맞이하지만 인간의 사고 사유가 있는 한 인간은 존속한다고 했다.

이 말은 눈물이 솟구치는 죽음이지만 죽음을 두려워하지 말자는 소리로 들린다. 멸종이란 유전자(종자)가 완전히 끝나는 것이지만 자손들을 통해 유전자 생명은 계속된다는 점에서 그렇다.(Brown, 2007) 그런가 하면 세상은 삶과 죽음에 의해서 매개되고 전승된다. 인간은 불멸을 인식할 수 있는 감각(철학적·종교적·개인적)과 삶의 가치를 의식하기 때문에 영원함의 가치를 믿게 된다. 인간은 죽음으로 인해 없어지는 무(無)가 아닌 영원한 생명을 부여받을 권리가 있다. 신은 분명히 사람들에게 약속한다. "죽어도 살 것이다"라고.

결국 인간은 죽지만 그것은 다른 곳으로의 여행이다. 종교적 심성, 동정심의 표현이지만 영혼은 인생 여정의 안내자다. 우리 인생 여정이 피곤하더라도 영혼은 우리 삶을 이끌며 안내한다. 반대로 행복의 추구와 영적 생활을 하지 못하면 그것은 죽음에 이르는 길이다. 그러므로 사람이 그런 상실감에서 벗어날 때 그것은 죽음에 대한 진정한 승리다. 준비된 삶이 행복한 죽음을 만들 수 있다는 얘기다. 우리 삶의 시간은 비옥해지고 따뜻해지게 마련이다. 영혼의 영원성을 바라는 열망이 없는 인생은 의미가 없다. 삶의 열망이 없는 생활은 쓸모가 없는 것이다.

그런 점에서 우리 삶 속에서 죽음을 다시 확인하고 죽음을 초월하는 궁극적 관심, 정신을 가진 존재로서 삶의 지속과 영원성을 우리는 바라볼 수 있어야 한다. 죽음을 이해하는 것은 곧 현재의 삶을 살아가는 방식이 되기 때문이다. 가령 인간이 시간성(유한성)과 초월성(영원성)의 종합으로 현재의 '시간 속에 나(Ich-in-der-zeit)'라는 사실을 깨닫는 일, 시간 속의 나는 실제로 존재하는 현실의 시간을 내 의지대로 바꿔 가는 것 말이다.

미국 신경의학자요 의학계의 시인으로 불리는 올리버 색스(Sacks,

2015)는 77세 나이에 사랑에 빠지고 죽기 직전까지 지적 호기심, 자기 기쁨을 만들어 나갔다. 피아노치기, 편지쓰기, 수영, 논문 마무리 등 하고 싶은 일을 모두 하며 자기만의 삶을 살았던 그는 죽음을 긍정적으로 받아들이며 자택에서 가족과 친구들이 지켜보는 가운데 82세에 눈을 감았다. 자기 삶의 한계성을 극복하며 시간성과 초월성을 보여 준 좋은 삶이었다.

우리 삶은 참으로 파란만장하다. 왜냐하면 그것은 우리 삶을 속박하고 있는 고통, 질병, 욕망, 운명론이 얽혀 있기 때문이다. 산다는 것은 세속적으로 권력욕, 명예욕, 재물욕에다가 쾌락적 욕망이 강하게 나타나고 선과 악의 갈등이 존재한다. 많은 철학자와 종교인, 사상가들이 좋은 삶의 방향을 제시하고 있지만 중요한 것은 자기가 처한 삶의 현실, 죽음의 문제를 깨닫는 일이다. 깨달음은 곧 삶의 지혜요 진정한 자아 발견이 되기 때문이다.

참고자료

구인회(2015), 《죽음에 관한 철학적 고찰》, 서울 : 한길사.
스피노자 바휘르(2006), 《에티카》, 서울 : 책세상.
우정(2010), 《9988의 꿈과 자전거 원리》, 자료원.
Bradley, Ben, Fred, Feldman(2013), The Oxford Handbook of Philosophy of Death, Oxford : Oxford University Press.
Brown, Guy(2007), The Living End : The Future of Death, Aging and Immortality, New York : MaCmillan.
Gawande, Autul(2014), Being Mortal : Medicine and What Matters in the End, New York : Metropolitan Books.
Neumann, Ann(2016), The Good Death : An Exploration of Dying in America, Boston : Beacon Press.
Sacks, Oliver(2015), On the Move, New York : Knopf.
Shneiman, Edwin(2001), The Suicidal Mind, Oxford : Oxford University Press.

3. 죽음의 철학 : 삶과 죽음

죽음은 여전히 인간에게 있어서 어려운 문제 중의 하나다. 죽음은 삶의 마지막 끝으로써 우리 인식의 영역을 넘어서는 문제다. 모든 개체가 도달하는 보편성이 죽음이라고 하지만 우리는 그것을 알 수가 없다. 죽지 않는다면 우리는 생명이라고 할 수 없다. 만일 죽지 않는다면 죽음을 말할 수 없다. 헤겔(2005)이 "신체의 죽음이야말로 개인(개체)이 공동체를 위한 마지막 노동"이라고 했던 것도 이런 이유에서다.

쇼펜하우어는 "죽음에 대해 무관심하라"고 했지만 누구든지 가끔은 좋은 죽음을 생각하며 살아간다. 흘러가는 시간 속에서 건강을 잘 유지하면서 죽음을 초월하려는 것이 인간의 현세적 목표다. 기쁨, 초월적 힘, 영혼 불멸을 추구하는 것이 인간 실존이요 철학의 주제다.

■ 왜 죽음의 철학인가

죽음의 철학(philosophy of death)은 모든 사람이 결국 죽는다는 데서 출발한다.(Kamath, 1993) 다뤄지는 주제 역시 다양하다. 죽음에 대한 형이상학적 질문들, 즉 죽음이 무엇인가, 죽음에 대한 우리 태도는 무엇이어야 하는가? 죽음의 순간을 수없이 넘기면서 느끼는 인간의 실존은 무엇인가? 실존주의적 죽음에 대한 형태와 범위는 무엇인가? 아니면 죽음이 좋은 것인가 나쁜 것인가? 영혼은 존재하는가? 죽음은 우리가 사는 방식에 어떤 영향을 미칠까 등이 망라된다.

따라서 죽음을 둘러싼 철학적 문제는 매우 깊고 난해하다. 인생에서 죽음이란 무엇인가 하는 것은 큰 질문이 아닐 수 없다. 죽어감과 죽음은 누구에게나 최대의 관심 대상이니 그렇다. 철학자 혹은 철학자가 아니든 죽음의 문제를 다루는 데는 큰 차이가 없을 것이다. 그동안 죽음에 대한 논의가 은유적이거나 금기시되는 주제였기에 가장 취약한 문제이고 공포의 대상이었다.

그러나 죽음을 모르면 언젠가 찾아올 죽음을 배울 수 없다. 인간으로서 최대 관심은 건강과 생존 그리고 죽음 이후의 내세와 영혼의 문제이니 그렇다. 죽음의 철학은 인간의 고통을 해소하는 것이 아니라 좀 더 삶의 의미를 되찾고 위안을 제공하는 데 있다. 최고의 철학은 지금까지 깨달은 상태에서 마지막 찾아오는 죽음을 잘 맞이할 수 있는 길을 알려 주는 일이다.

"오 죽음, 이제 당신은 모든 것을 상실했다. 그러나 당신이 얻은 것은 신께로 가는 길이다."

죽음의 철학은 자연과 죽음에 대한 의미 탐구다. 철학은 진리를 찾는 것, 그리고 우리가 진실되게 살아가도록 돕는 학문이다. 그러나 늘 그랬듯이 철학적 문제는 논쟁의 세계다. 인간은 동물과 크게 다를 바 없지만 특별한 실존으로서의 '나'를 인식하는 존재다. 인간은 호모사피엔스 (생각하는 인류, 이성인)라는 사실에서 늘 사색적이다. 인간이 동물이 아닌 것은 본질적으로 자기 인식 능력에 있다. 물론 모든 생명의 가치는 다르지 않다는 것, 다만 종(種)에 따라 정도의 차이가 있을 뿐이라는 주장도 있지만(Singer, 1994) 인간은 '정신적 존재(mental being)'라는 점에서 동물과 다르다. 짐승들도 고유한 방식으로 의사소통을 하지만 이성적·정신적 존재는 아닌 것이다.

독일 정치철학자 헤겔은 말했다. 인간의 실체는 동물적인 것이지만 그것은 본질적으로 사유하는 존재자의 실체라고. 그는 인간 사고가 세계 정신 자체의 사고로 전제하고 현실이 곧 이성임을 강조한다. 정신은 본질적으로 현실적인 것이어서 이성의 눈으로 철학하기를 강조한다. 이성은 곧 정신으로써 이는 또한 영혼의 삶과 연결돼 있다.(비앙키, 2014) 프랑스 아날학파의 필립 아리에스(Aries, 2004) 역시 죽음을 생각한다는 것은 동시에 삶의 완성이라면서 인간은 자신이 죽게 될 것이라는 것을 인지하는 유일한 동물이라고 했다.

따라서 죽음의 철학에서는 무엇을 이해할 것인가 하는 것이 핵심 주제다. 인간은 태어나면서부터 죽음이 시작되는 삶의 동반자이지만 정작 자신의 죽음에 대해서는 부정적인 이미지가 작용해 왔다. 그런 점에서 우리 몸과 의식이 깊은 침잠에서 깨어나야 한다. 죽음을 잘 관리하고 맞이하기 위해서는 삶의 의미를 꾸준히 찾아내어 대처하는 일이다. 삶이 펼쳐지는 시공간 속에서 몸과 마음, 그리고 지각을 온전히 유지하는 것이 건강한 삶이다. 특히 영혼의 질병을 잘 치유하면서 죽음을 준비해 나가는 것이 인간의 지혜다. 이와 관련해 죽음의 철학에서 우리가 배우고 실천해야 할 요소들을 찾아보자.

첫째, 죽음의 의미를 아는가? 죽음은 각자 독특한 형태를 갖는다. 인간으로 하여금 생명을 부여했던 조건들이 상실되어 가는 과정 속에서 죽음을 맞이한다. 예를 들면 생물학적으로 건강이 약해지면서 기침이 잦아지고 가래가 끓는다. 앉고 일어설 때도 힘들다. 결국 생명의 끝을 맞는다. 죽음의 끝은 개인 자신의 종말이다. 과거 현재 미래로 가는 시간 속에서 '지금-순간'에 물질적인 존재뿐만 아니라 비물질적인 영혼의 문제까지 깨닫는 일이다. 이것이 죽음의 의미를 깨닫는 것이다.

둘째, 몸의 소멸인 죽음의 모습은 어떤가? 즉 몸과 죽음의 관계로서 여기에는 크게 두 가지로 나눠진다. 그것은 다른 이의 타자화된 죽음과 주체적인 '나'의 죽음으로 나눌 수 있다. 자신의 죽음에는 또 죽임을 당함(타살됨)과 스스로 자연 순리에 내맡기는 죽음(순명)이 있다. 땅에 뿌리를 내리고 있는 식물들, 그리고 이 땅 위에 살고 있는 동물들은 모두 죽음과 동시에 해체된다는 사실을 성찰하는 일이다.

셋째, 죽음에 대한 공포, 두려움, 불안, 허무함(무로 돌아감)과 같은 감정이 어디서 오고 어떻게 이해할 것인가? 즉 죽음에서 오는 본능적인 두려움 같은 것을 어떻게 멀리할까 하는 점이다. 어떤 이는 영적 위로를 받지 못하고 심한 압박감과 미몽 속에서 죽어갈 것이다. 물론 죽는 그 순간 육체와 뇌는 죽게 되므로 죽음 자체는 인식 또는 학습할 수 없다. 죽음이라는 것이 '바로 이것이다'라고 느낄 시간적 · 심리적 여유가 없다는 의미로 죽음의 순간에 의식은 상실되기 때문이다. 그러나 죽음에 근접한 사람은 죽음에 대한 두려움을 느끼면서도 더 잘 살기를 원하게 마련이다.

넷째, 죽어가면서 후회하는 것이 무엇인가? 후회(regret)는 우리 생활 과정에서 실패한 것, 낭비한 것, 해 보지 못한 것 등 다양할 것이다. 죽음 앞에서 후회는 한탄과 눈물로 변하게 된다. 인간이기에 후회하는 것이다. 일본의 호스피스 전문의 오츠 슈이치(2015)는 '죽을 때 후회하는 것'들로 ▷미안하다, 고맙다는 말을 못한 것, ▷정말로 하고 싶은 일을 하지 못한 것, ▷지금 순간에 충실하지 못한 것, ▷부정적인 감정을 다스리지 못한 것 등을 제시하고 있다. 즉 마지막 순간까지 후회 없이 잘 살아왔는가를 묻는 것이다.

다섯째, 죽음의 질(quality of death)이 무엇인가? 삶의 질과 죽음의 질이 다른 것은 아니다. 죽음을 알면 삶이 잘 보이기 마련이다. 잘 죽는 법을 알지 못하면 잘 살지도 못한다.(Critchley, 2008) 마지막 순간까지 고통 없이 가족들에게 좋은 기억을 남기고 떠나는 것이 좋은 죽음이고 세상과 화해하는 모습이다.

그러나 죽음의 순간이 오는 방식은 매우 비극적이다. 치매 등을 앓다가 죽으면 죽음의 질이 나쁜 것이다. 경험적으로 존엄한 죽음을 맞이하는 사람이 쉽지 않다는 점이다. 마지막 임종 단계에서 삶의 의미를 찾고 고통을 완화하며 개인의 존엄성을 지키는 것이 좋은 죽음이다.

여섯째, 생명/죽음에 대한 윤리적 판단이 무엇인가? 죽음과 관련해서 신체를 병리의학적으로 치료하고, 그리고 죽음에 대한 합리적 태도를 갖도록 하는 것이 윤리적 판단이다.(Morhaim, 2012) 그러나 장수사회에서 죽음과 관련된 윤리논쟁(자살, 장기기증, 안락사 등)도 점차 늘어나고 있다. 예를 들어 식물인간 상태(뇌사상태)에 있는 생명에 대해 죽음을 재촉할 수 없는 일이다. 이와 관련해 최근에는 세계적으로 무의미한 연명치료를 막아 웰다잉을 유도하는 법안들도 마련되고 있다. 무리한 생명 연장 때문에 존엄성이 짓밟혀서는 안 된다는 내용을 담고 있다.

일곱째, 죽음 관련 기술의 발전이 무엇이고 어느 수준인가? 노화 문제와 관련된 줄기세포 복제 유전자 치료, 인간게놈, 염기 서열 조작을 통한 생명 연장술이 발전하고 있다. 생명공학은 하루가 다르게 발전하고 있는데 수명연장술, 냉동보존술, 바이오산업 등 생물의학적 영역에서 크게 발전하고 있다. 그러나 100세 시대에 "나는 언제까지 왜 살아야 하는가"라는 삶의 목적 등의 근본적인 의문을 갖게 한다.

여덟째, 인간의 불멸성(indestructibility)은 가능한가? 흔히 인생의 유한성과 불멸성의 논쟁은 끝이 없다. 유한성은 물질에 기초한 것이고 불멸성은 정신(spirit)의 개념이다. 육신은 죽더라도 영혼은 계속된다는 개념과 관련된 것이다. 인간 속에 생명의 본질인 불멸성이 깃들어 있다는 얘기다.(Fischer, 2013) 이러한 불멸의 희망은 종교가 그러하듯이 영혼의 존재를 반영한다. 사이먼 크리칠리(Critchley, 2008)는 내세에 대한 믿음, 불멸에 대한 갈망은 죽음의 두려움에 대한 극복의 열망이라고 진단한다. 우리 신체는 사유하는 존재지만 우리 삶은 영혼의 삶과 연결돼 있다는 것이다.

아홉째, 죽음 이후에는 무엇이 기다리고 있는가? 우리 대부분은 사후에 어떤 일이 일어나는지를 모른다. 다만 타인들의 죽음을 통해서 막연히 이해될 뿐이다. 매우 제한적이지만 우리가 죽으면 소멸(無의 상태), 영혼 정신의 계속성(부활), 불교와 힌두교에서 말하는 환생, 윤회설 등이 그렇다. 기독교의 성경, 불교 경전의 능가경(楞伽經)과 금강경(金剛經) 등 모든 경전들이 죽음 이후의 다른 세상을 얘기한다. 종교적 믿음, 영성, 수행의 길을 인도하고 있다. 죽음 이후에 천당 혹은 지옥에 갈 수 있다는 교리에 따라 살아가면서 죄를 짓지 않는, 지속적인 정화가 필요한 존재들이 바로 인간이라는 사실을 알려 준다.

이상에서 제시된 아홉 가지는 정말 큰 질문이고 수수께끼 같은 문제 제기다. 죽음 이후에 우리 영혼은 어디로 가는가의 궁극적 개념들조차 난해하기는 마찬가지다. 그러나 뒤에서 논의하겠지만 죽음, 죽어감에서 보이는 임사 체험은 진실인가. 영생 부활의 의미, 죽음, 죽어감에 대한 죽음의 철학을 논하는 것은 우리가 죽음에 잘 대비하기 위한 것이다. 생명 소멸의 공포를 직시하고 이를 극복하도록 돕는 것이 죽음의 철학이 지향해야 할 과제들이기 때문이다.(Critchley, 2008)

■ 죽음의 설교자들

"철학이 무엇인가?"라는 질문에 소크라테스는 "죽음의 준비를 위한 철학"이라고 답했다. 죽음 이후에는 '다음의 생'이 없다는 철학자도 물론 있다. 하지만 많은 철학자들이 초월성(형이상학)보다 일상을 하늘 저편

대신 땅 위의 삶을 더 강조한다. 내가 없으면 천당도 지옥도 없다면서 내가 절대 유일의 존재가 아닌가 묻는다. 어떤 이는 죽음에 대해 무관심하듯 죽음 앞에서 유언도 싫고 무덤도 싫다는 반응이다. 또 다른 부류는 죽음을 영적으로 해방되는 재탄생(환생)과 부활을 통해 영생의 길을 추구한다. 한마디로 죽음과 영혼에 대한 문화적·종교적·철학적 견해는 다양하다. 죽음의 의미, 영혼 불멸에 대한 철학적 논쟁은 끝이 없는 것이다.

이렇게 죽음의 문제는 까다롭지만 철학자들의 주요 관심사였다. 철학적 입장에서 우리 모두는 죽을 것이라는 사실을 알고 있다. 논리 실증적으로 우리는 언젠가 죽을 것이라는 사실을 예상한다. 죽음의 본질, 내세로의 영원 가능성, 죽음의 대한 수용태도 등 '죽음학' 입장에서 보면 매우 중요한 주제다. 이러한 죽음의 문제는 플라톤, 아리스토텔레스, 에피쿠로스, 스피노자의 작품들에 이어 실존주의 철학자 하이데거, 칼 야스퍼스, 비트겐슈타인 등에서 잘 나타난다.

그러나 죽음에 대한 이해는 우리 삶의 현실적 문제이지만 애써 기피해 왔다. 많은 철학자, 문학가, 그리고 우리 생활 속에서, 문학예술에서, 사회규범과 윤리에서 많이 다루지만 사실은 익숙하지 않다. 하지만 누구나 죽음을 잘 알아야 남은 생애를 잘 살 수 있다. 그러면 실존주의 철학자 하이데거와 칼 야스퍼스는 죽음에 대해 어떻게 생각하는가.

✽ 하이데거의 현존재와 죽음

죽음의 설교자 중에서 우선 독일의 실존주의 철학자 하이데거

(Heidegger, 1998)가 있다. 그는 "인간은 무엇으로 존재하는가"라는 질문부터 시작한다. 살아 있는 실존적 의미에서 인간 존재를 다른 존재들과 구별해서 '현존재(Dasein)'라는 개념을 제시하고 있다. 현존재란 다름 아닌 죽음을 향한 존재다. 죽음이란 자신의 실존이 더 이상 존재할 수 없게 되는 상태다. 이는 인간을 '세계-내-존재(being-in-the-world)'에 초점을 맞추고 인간을 이 세상에 '내던져진 존재'로서 자신의 의지와 관계없이 이 세상에 태어나고 살다가 죽는 존재라는 것이다. 그 누구도 국가, 부모, 성별, 출생일을 택할 수 없이 태어났기에 자기 맘대로 결정할 수 없는 존재다. 태어난 인간은 현실세계를 살아가는 것, 어느 상황에 처해 있는 존재이면서 동시에 자신의 존재에 대해 '책임을 지는 존재'라는 것이다.

하이데거는 죽음에 대한 분석에서 생물학적으로 죽음 또는 죽어감에 대해 관심이 없다. 다만 죽음의 현상에 대해서도 인간 현존재는 '죽음에 이르는 존재(being-towards-death)'라는 입장에서 접근한다. 이때 현존재란 자신의 한계, 자신의 불안을 극복하며 자신의 본래적 모습을 찾아가는 존재를 의미한다. 그의 관심은 현존재인 인간은 '아직 오지 않은 죽음(yet-to-come-death)'의 상태, 즉 죽음으로 '미리 달려가 봄'으로써 자신의 유한성을 깨닫고 본래적인 전체적인 삶을 알게 된다는 논리를 편다. 존재의 관점에서 자신의 존재를 인식할 때 죽음은 실존으로서 다가오게 된다는 논리다.

더구나 하이데거의 죽음에 대한 입장은 '존재와 시간(Being and Time)' 속에서 설명한다. 그는 존재론적 죽음에서는 타락(fallenness), 내던져짐

(throwness), 죄(guilty) 등의 문제로 설명하면서 단순한 존재가 아닌 인간의 현존재를 설정한다.(하이데거, 1998) 그는 현상학적으로 죽음에 대한 종교적 프레임에서 벗어나 '존재와 시간'에서는 하느님의 영향력을 배제하고 인간 실존을 내세운다.

인간의 존재를 종교적으로 신 또는 불멸에 관계없이 순수 형상으로 보았다. 즉 당연한 말이지만 인간을 죽음에 이르는 존재로 본 것이다. 죽음을 두려워하며 피할 것이 아니라 직접 대면하는 자신의 죽음에 대해 성찰하라는 메시지를 던진다. 죽음이 저 멀리(끝)에 있는 것이 아니라 죽음은 늘 생의 바로 옆에 있기 때문이다.

따라서 하이데거는 죽음에 대해 실존적으로 분석하고 있는데 그것은 ▷죽음은 목격될 뿐 자신은 결코 경험할 수 없다는 것, ▷인간은 언제 죽을지 모른다는 점에서 죽음은 언제나 한계상황으로 존재한다는 것, ▷죽음에 대한 경험이나 예측도 할 수 없다는 의미에서 죽음은 늘 현존재일 수밖에 없다는 입장이다. 사람은 아직 죽지 않은 상태에서, 즉 삶이란 자신이 태어난 후 지금까지 죽음이 아직 찾아오지 않은 시간 속에 살아갈 뿐이다.

하이데거의 이러한 죽음에 대한 근본적 성격 때문에 인간은 ▷원치 않는 죽음의 위협으로부터 벗어나고자 하는데 이때 '불안'한 마음을 갖게 된다는 점, ▷인간은 불안을 부정하기 위해 현재 자신의 상태를 외면하려 한다는 점, ▷그럼에도 인간은 죽음의 가능성을 늘 안고 살아가는 존재로 '한정된 시간' 속에서 살아간다는 입장이다. 인간은 죽기 전까지는 자신의 죽음을 경험할 수 없고 이해할 수도 없다는 것을 설명하고 있는 것이다. 그런 점에서 죽으면 더 이상 살아 있는 것이 아니다. 죽음은 다른 사람들에게 자신의 죽음 자체를 전할 수 없다. 다만 주변 사람들이 죽어가는 모습에서 자기 자신도 언젠가 죽을 것이라는 것을 예상할 뿐이다. 사람들은 자기 죽음이 멀리 있다고 생각하며 "아직은 아니다"라며 살아갈 뿐이라고 강조한다.

결국 하이데거의 죽음에 대한 실존적 개념은 두 가지로 요약된다. 그것은 주체적으로 받아들이는 죽음이고, 또 하나는 비주체적 비존재 상태로 도피하려는 태도다. 전자는 최종적인 죽음을 향한 존재, 죽음에 이르는 존재라는 사실을 인정하고 주체적으로 받아들이는 것이다. 후자 는 죽음은 '세계-내-존재'로부터 분리되는 소멸성이 인간의 한계이 지만 살아 있는 동안 자기 존재 불가능성에 대한 두려움, 불안, 허무함, 무화(nothing)의 가능성으로부터 도피하려는 존재들이다. 즉 '죽음에 임하는 존재'로부터 도피하려는 인간의 나약함을 지적하고 있다.

✽ 야스퍼스의 한계상황에서의 존재의 죽음

하이데거의 현존재는 시간 차원에서 경험 자체로 자신의 존재를 말한 다. 실존적 분석이 곧 하이데거의 철학이다. 그러기에 존재가 알려지지 않은 한 우리는 자신을 이해하지 못하고 수많은 과오 속에서 살아간다.

반면에 칼 야스퍼스는 하이데거와 다르게 '인간의 존재론적 구조' 를 말하지 않는다. 존재(dasein)의 죽음에서 죽어가는 존재를 넘는 초월 성, 궁극적인 내세, 불멸을 말하지 않는다. 죽음에 대해 종교적 관점에 서 보는 것은 아니지만 초월하는 존재(existenz)로서의 실존적 개념으로써 비인격적인 신을 상정한다.(Filiz, 2008) 하이데거와 야스퍼스가 같은 시대를 살았지만 하이데거는 신에 대해서 말하지 않았고, 야스퍼스는 인간이 신의 품에 안기게 된다고 함으로써 유신론적 실존주의 입장을 취한다.

아울러 인간은 한계상황에 처하게 되는데 그것은 죽음, 우연, 투쟁(다툼), 고뇌, 죄책(부채)이다. 죽음은 존재로서의 피할 수 없는 조건이다. 야스퍼스의 '실존철학(philosophy of Existence)'에서 알 수 있듯이 인간이 겪는 한계상황은 고통과 죽음의 문제다. 한계상황은 어떤 벽(사회제도나 규범)에 맞서지 못하는 인간의 나약함을 의미한다. 이런 한계상황(critical situation, Grenzsituation)은 인간의 '세계-내-존재(being-in-the-world)'의 끝을 의미하기 때문에 죽음은 안정감의 존재의 기반을 위협하는 것이다. 알아차리기 쉽지 않지만 죽음은 삶의 적이다. 생명은 본질에 있어서 창조이고 자발성이지만 사실 생사 문제는 어떤 예정이나 예상도 허락하지 않는다.

야스퍼스가 말하는 죽음에 대한 태도는 세 가지로 요약된다. 즉 ▷죽음은 절대 끝이 아니다. ▷육체의 죽음은 절대 끝난다. ▷죽음을 회피하고 무관심해진다는 것이다. 인간은 무엇이 일어날지 전혀 예상이 불가능한 한계상황에서 좌절하며 생존해 가는 존재들임을 말한다. 야스퍼스는 인간은 늘 필연적 한계상황에 놓여 있다고 판단한다. 여기서 한계상황인 죽음, 고뇌, 투쟁, 죄책 등 숙명적인 한계상황을 극복하지 못하고 오히려 이런 한계상황을 감내하며 세상에서 버텨 내는 것이 실존의 본질이다.(Filiz, 2008)

특히 야스퍼스는 죽음을 인간 존재의 피할 수 없는 한계상황으로 보고 인간이 죽음에 직면해 취할 수 있는 태도를 두 가지로 설명한다. 그것은 우선 객관적 사실로 특정 한계상황에서의 존재의 죽음이다. 야스퍼스가 말하는 한계상황은 피할 수 없는 상황, 즉 실존이 당면하고 있는 현실을 의미한다. 죽음은 고유한 것, 남과 바꿀 수 없는 것, 반드시 찾아오는 것을 변경할 수 없는 것이 한계상황이다.

그러나 우리가 피할 수 없는 한계상황에 있더라도 그것을 넘어 진정한 자신을 찾게 되고 초월적 능력을 갖는, 죽음을 모르는 불멸(deathlessness)의 실존임을 강조한다. 죽음을 허망한 종말로 받아들이지 않는 것, 즉 자기의 한계상황을 인식하며 희망을 잃지 않도록 대처하는 것이 인간의 능력이라는 것이다.

더 보충하면 죽음을 모르는 존재라는 사실은 죽음을 초월해서 살 수 있는 영원성이다. 영원성은 시간을 초월한 비물질적 자유 그 자체다. 죽음을 초월해서 영적세계를 경험하는 것이다. 인간 실존을 초월하여 신에게 다가가는 것, 신에 의한 초월, 구원을 추구하는 것이다. 이런 상태에 이를 때 사람은 비로소 불안을 극복할 수 있는 '자유로서의 실존'이 주어진다. 주체적인 자기 존재를 초월하여 영원히 살고 싶다는 욕구는 인간의 궁극적 관심이며 이는 종교에서 여러 형태로 나타난다. 죽음은 인류 역사 이래 중대한 의미로 인식되어 온 것이다.

그러므로 야스퍼스는 인간의 죽음의 필연성과 비존재 개념을 이해할 것을 요구한다. 야스퍼스는 실증주의적 과학과 지식에 대한 과신을 경고하면서 인간의 비합리성에 기초한 본래적인 인간 존재의 문제를 실존철학이라는 방법으로 설명한다. 하이데거는 인간 존재라는 개념을 사용했다면 야스퍼스는 '자기 실존'이라는 말을 사용했다. 특히 '자기 실존'으로서 나는 누구인가, 나는 어디서 와서 어디로 가고 있는가 하는 근본적 물음과 관련돼 있다. 결국 '나'는 실존적 불안, 소외와 고독, 죽음의 문제들을 극복해 가는 존재로서 여기에는 자기 인식, 정체감, 타인과의 관계 찾기 등을 모색하고 재정립해 가는 '나'를 강조한다.

결국 야스퍼스는 죽음에 대한 포괄적이고 실존적 개념에 매달리지 않고 죽음에 직면해서 겪는 다양한 심상에 대해 설명하고 있다. 다시 말해 나는 죽음에 대해 어떤 의식과 태도를 가지고 있느냐에 따라 죽음에 대한 이해와 해석이 달라진다는 입장이다. 한계상황에서 자기가 유한하다고 인식할 때 초월자(또는 포괄자, Periechontolgie)와의 실존적 소통이 가능하게 된다. 죽음의 사실을 자각할 때 현실의 삶을 더 돌아보게 되고 본래의 자기를 주체적으로 인식할 수 있다는 얘기다. 한 인간으로서 '모든 것'들이 불가능하다는 것, 바로 그러한 사실 때문에 유한성을 받아들이고 죽음을 학습해야 한다는 점이다.

■ 왜 죽기 싫은가

사람들은 죽는 것보다 더 오래 살기를 바란다. 그것은 생명 유지에 대한 본능이다. 사람들은 은연중에 외친다. "이 순간이 영원하길!" 이런 외침은 바로 죽기 싫다는 소리다. 그러면 왜 죽기 싫은가. 반대로 왜 살고 싶다는 최고의 욕망이 일어나는가. 그것은 우리 삶의 즐거움을 빼앗아 가는 불멸에 대한 갈망이 사라지기 때문이다. 다시 말해 내가 가진 소유, 지위, 열광적인 사랑을 놓치기 싫은 것이다. 인간은 지금 일에 집착하기 때문에 계속 생명이 이어지기를 소망한다.

어떤 동물도 죽는 것을 싫어한다. 옛말에 개똥밭에 굴러도 이승이 낫다는 말이 있다. 죽음보다 이 세상의 고통이 낫다는 말이다. 미라(mummy)는 죽음이라는 불가항력을 거부하는 불멸의 욕망이다. 스티브 잡스는 "사람들이 천국에 가기 위해 힘쓰라고 하지만 나는 죽고 싶지 않다"고 외쳤다. 나는 살고 싶다. 죽음이 두렵다는 것이다. 헝가리 작가 아고타 크리스토프(Agota Kristof)의 《존재의 세 가지 거짓말》(2014)에서 죽어가는 사람들의 욕망을 들어볼 수 있다. "내 몸이 어떻게 되든 상관없어. 난 살고 싶어. 살아서 고향에 돌아가 아내도 보고 어머니도 보고 싶어. 조금만 더 살았으면…."(106쪽)

거듭되는 질문이지만 왜 우리는 살고 싶은가. 왜 죽기 싫은가. 그것은 아마도 내 삶에 좋은 일이 일어날 것이라고 믿기 때문이다. 이는 본질적 가치요 내적 가치(intrinsic value)다. 이는 내가 특별히 '좋다'는 느낌 같은 것이다. 만일 의식이나 즐거운 경험이 없어진다면 우리 마음과 행동은 없는 것과 같다. 내가 좋다는 것은 다양한 경험을 할 수 있고 뭔가를 이룰 수 있다는 희망 때문이다. 배우자와 즐거운 시간을 만들고, 친구와 우정을 나누고, 사회에 기여할 수 있는 기회와 경험을 할 수 없다는 사실에 사람은 죽음에 대해 절망하며 아파한다.

쉬운 예로 힘들게 높은 산을 올랐다고 하자. 몸을 튼튼하게 하는 이점도 있지만, 그러나 등산을 통해 즐기는 독특한 환희, 오르가슴 같은 짜릿한 기분을 경험할 수 있다. 나 역시 높은 산을 오를 때 그랬다. 이 때의 즐거움이 고유한 내적 가치요 직관적으로 느껴지는 본질적 가치다. 쾌락과 고통이 끝나는 죽음은 우리 삶의 전망과 결합된 내재적 가치가 소멸하는 것이다. 말인즉 내적 가치는 보통 생명, 행복, 사랑 같은 것이다. 그리고 유일한 내적 가치는 목적 있는 가치다. 내적 가치를 느끼지 못하고 살아간다면 100년을 살아도 의미가 없는 삶이다.

반대로 내적 가치를 느끼지 못한다면, 즉 살아가는 것이 귀찮고 좌절이 깊어진다면 극단적 생각(자살)을 할 것이다. 또 다른 예로 치매를 앓는다고 생각해 보자. 얼마나 고통스럽고 다른 사람들에게 피해를 주는 일인가. 즐거움도 사라지고 삶의 목적 자체도 상실될 것이다. 그럴 때 본질적으로 삶의 가치를 잃게 되고 자살을 생각할 수 있다. 타인의 죽음을 바라보면서 자신도 머지않아 죽음을 맞이할 것이라는 생각을 할 뿐이다. 반면에 위험한 죽음의 고비를 넘긴 사람은 자기 삶의 더 큰 의미와 자신감을 갖는다. "난 이제 숨길 것도 없어. 덤으로 사는 거야" 하며 어떤 어려운 문제도 잘 극복해 가며 살아갈 것이다. 그것이 삶의 의지다.

"그러나 죽을 때가 되면 죽어야 한다."

문제는 모든 존재는 소중하고 아름답고 사랑받아야 할 존귀한 존재이지만 그렇지 못할 때가 있다는 사실이다. 세상은 늙으면 죽기를 기다린다. 무슨 그런 끔찍한 말을! 그러나 사실이다. 고령사회에서 사회에

만연된 노인 폄하의 눈초리에서, 아니면 노인은 버거운 존재, 젊은이가 짊어지고 부양해야 할 노인이라는 점이다. 그런 점에서 죽음은 가족들에게 거대한 슬픔일 수 있지만, 내가 죽을 때 가족들에게 부양의 짐을 덜어주는 죽음일 수도 있다.

현진건(1900~1943)의 단편소설 《할머니의 죽음》(1923)에서 보자. 작중 할머니는 자기 앞에 다가온 죽음을 끝장내지 못하고 누워 있다. '조부모 병환 위독'이라는 전보를 받고 모여든 가족들은 형식적으로 효도하는 모습을 보이지만 쉽게 죽지 않자 "불언 중에 할머니가 하로 바삐 끝장나기를 기다리고 있었다"고 했다. 죽음이라는 순간을 진정성 있게 받아들이지 못하는 가족들 모습이다.

더구나 노년 후기에 치명적인 질병으로 인해 오랜 기간 누워 있으면 한평생 살아온 아내도, 아이들도, 이웃들도, 사회도, 나의 생각과 행동, 죽음까지도 포기하도록 요구한다는 사실이다. 오히려 당신의 임종을 기뻐할지도 모른다. 누구도 고통 없이 죽어가는 사람이 없다는 의미에서 '긴병에 효자 없다'는 말이 있지 않은가.

그러면 은연중에 "내가 죽기를 바라는 사람은 누구일까." 그것은 아마도 가족들(아내, 자식)일 것이다. 내가 그토록 사랑하고 아끼던 이들조차도 내가 죽으면 자기들이 더 편안해질 것을 생각하며 내가 떠나기를 바랄 것이다. 프랑스 영화 〈아무르(Amour)〉(2012)는 인간 존재의 고통을 알려 준다. 긴 병(전신마비 증상)을 앓다가 죽음을 앞둔 음악가 80대 부인(안느)을 간병하던 남편(조르주)이 한평생 같이 사랑하며 살아온 부인을 죽음에 이르도록 하는 행위가 그렇다.

참고자료

비앙키, 올리비아(Olivia Bianchi, 2014), 《헤겔의 눈물》, 김동훈(역), 서울 : 열린책들.
아고타 크리스토프(Agota Kristof, 2014), 용경식(역), 《존재의 세 가지 거짓말》, 서울 : 까치글방
필립 아리에스(Aries, 2004), 《죽음 앞의 인간》, 고선일(역), 서울 : 새물결
오츠 슈이치(2015), 《죽을 때 후회하지 않는 사람들의 습관》, 황소연(역), 서울 : 한국경제신문사.
하이데거, 마르틴(1998), 《존재와 시간》, 이기상(역), 서울 : 까치.
헤겔, 게오르크 빌헤름 프리드리히(2005), 《정신현상학》(2), 임석진(역), 서울 : 한길사.
Critchley, Simon(2008), The Book of Dead Philosopher, New York : Random House.
Filiz, Peach(2008), Death, Deathlessness and Existenz in Karl Jaspers' Philosophy, Edinburgh : Edinburgh University Press.
Fischer, John Martin(2013), "Immortality", in Bradley, Ben, Fred, Feldman(2013), The Oxford Handbook of Philosophy of Death, Oxford : Oxford University Press. pp.336-353.
Kamath, M.V(1993), Philosophy of Life and Death, Mumbai : Jaico Publishing House.
Morhaim, Dan(2012), The Better End : Surviving(and Dying) On Your Owen Terms in Today's Modern Medical World, Maryland: The John Hopkins University Press.
Singer, Peter(1994), Rethinking Life&Death : The Collapse of Our Traditional Ethics(2nd ed), New York : St Martin's Press.

2장
죽음에 대한 두려움과 초월성

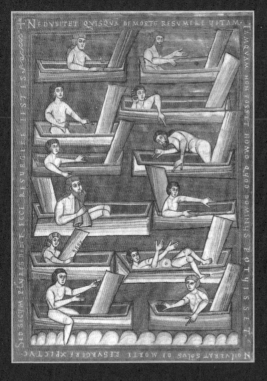

부활 비세라더 복음서 삽화 11세기

인간에게 죽음은 자신이 사라진다는 것이 내포되어

공포와 두려움의 대상이 된다.

죽어가는 과정에서 본능적으로 알 수 없는 두려움과 공포감에 휩싸인다.

인생은 즐겁고 유쾌한 경험으로 연결되어 있기에

이것으로부터 단절되는 것을 두려워하기 때문이다.

죽음은 자기 보존의 본능,

지금 이곳에서의 욕망의 의지를 꺾어 버리는 마지막 적(敵)이다.

오, 죽음의 공포여! 누구나 죽음에 대한 공포는 견딜 수 없는 절망의 무게로 다가온다. 노년 후기를 살아가는 사람들은 더 서글픔을 느낀다. 노인들의 경우 살아 있지만 '죽은 자' 같은 운명을 갖고 있다. 그렇다고 가브리엘 천사의 메시지도 없다.

죽음은 삶의 완결이어서 누구나 맑고 편안한 죽음을 원한다. 어쩌면 잘 죽는 것은 가족과의 '잘 된 이별'일 수 있다.

그러나 노인들이 늘그막에 "이제 죽어야 하는데…" 하고 말끝을 흐리며 한숨을 짓지만, 죽음은 내 마음대로 되지 않는다. 내 생명의 깊이가 얼마인지 모르고 살아가지만 누구나 불로장생을 꿈꾼다. 그러면서 초월성, 영원성을 바란다.

죽음의 길에서 잘 죽는 것도 복이 아닐까.

1. 죽음에 대한 두려움

죽음에 대한 부정적 의식은 공포, 불안, 슬픔이다. 사람들은 누구나 "죽음아, 네가 두렵다"라고 외친다. 인간에게 죽음은 자신이 사라진다는 것이 내포되어 공포와 두려움의 대상이 된다. 죽어가는 과정에서 본능적으로 알 수 없는 두려움과 공포감에 휩싸인다. 인생은 즐겁고 유쾌한 경험으로 연결되어 있기에 이것으로부터 단절되는 것을 두려워하기 때문이다. 죽음은 자기 보존의 본능, 지금 이곳에서의 욕망의 의지를 꺾어 버리는 마지막 적(敵)이다.

죽음은 자연히 불안 심리를 만들어 낸다. 사람들은 죽어서 갈 곳을 '알 수 없어서' 미지의 공포로 인해 죽음을 두려워한다. 그것은 예기치 않게 임의의 순간에 오기 때문에 인간 행동의 기분은 죽음의 공포와 관련돼 있다. 그 두려움은 초자연적인 공포일 수도 있다.

특히 사람들은 내세에 대해 의심한다. 은연중에 천국이 아닌 지옥에 떨어질까 두려운 마음이다. 현실적 삶에서 생명의 지속은 에너지, 시간 그리고 재산(돈)을 통해 살아가지만 죽음이 두려워지는 것은 죽는 순간까지의 고통, 다음 내세에 대한 긍정이 없기 때문이다.

■ 죽음이 왜 두려울까

　인간은 왜 죽음을 부정하고 두려워할까. 동양인들은 서양인들에 비해 죽음에 대한 공포가 더 큰 듯하다.(Deeken, 2009) 어쩌면 어떻게 죽어야 할 것인가라는 질문 자체가 금기다. 현세의 고통에서 구원되고 새로운 여행을 떠나기보다는 모든 것이 끝이요 상실되는 것으로 생각하는 까닭이다. 설사 지도를 펼쳐 놓고 살길을 찾아가도 죽음을 피할 수는 없다. 다른 길(저승 아닌)이 없다. 그 길에는 좋아하는 맛집도 없다. 버려지는 몸이니 두려운 것이다.

　고대 그리스 철학자들(소크라테스, 플라톤, 아리스토텔레스, 에피쿠로스)은 우리에게 죽음이 나쁘지 않다면서 두려워할 대상이 아니라고 강조한다.(Bradley, 2013) 스토아학파에서는 죽음이 나쁘지 않다고 했다. 특히 에피쿠로스는 죽음이 나쁘다는 것은 동시에 자신이 존재하지 않는다는 점에서 죽음에 대한 두려움이 근거 없는 것임을 주장했다.(Fischer, 2001) 사마천(司馬遷)은 《사기열전》에서 "죽음을 모를 터이니 굳이 죽음이 뭐다 생각할 필요가 있는가" 하고 반문했다. 그리고 "어차피 한 번은 죽는다는 걸 알고 있으면서 죽음을 두려워하는 이유가 뭘까?" 하고 죽음을 두려워하거나 슬퍼할 일이 아니라고 했다.

　그러나 죽음은 누구나 생각하기 싫고 현재의 삶에 충실한 것이 최선이다. 일본 의사 히노하라 시게아키(日野原重明)는 106세에 세상을 떠나면서 "죽음이 두렵다"고 고백했다. 그가 쓴 《살아가는 당신에게》(2016)에서는 "죽음이 무섭지 않느냐?"는 질문에 "듣는 것만으로도 다리가 떨릴

정도로 무섭다"고 했다. 이어서 그는 죽음과 생명은 나눌 수 없는 것이며 도망갈 수도 없다. 단지 부여받은 사명을 완수하려고 노력할 뿐이라고 털어놓았다.

인간은 죽음의 공포로부터 벗어날 수 없다. 그래서 인간은 죽음의 공포를 극복하기 위해 문명과 문화를 발전시켜 왔다. 영국의 고전사회학자이며 무신론자인 스펜서(M. Spencer)는 "인간은 삶이 두려워 사회를 만들었고 죽음이 두려워 종교를 만들었다"고 했다. 인간은 영원히 살고자 하는 욕망을 가진 존재이기에 문명을 발전시킨 것이다. 또 다른 측면은 타인의 죽음을 보면서 자신이 죽어갈 것을 상상하며 무서워한다는 점이다.(Elias, 1985) 사람들은 죽음을 부인하게 되면서 죽음에 대한 공포는 역설적으로 자기 존재 자체의 영속성을 추구하며 영원한 삶을 소망하는 것이다.

이와 같은 견해를 지적한 사람은 미국의 인류학자 어니스트 베커(Becker, 1973)다. 그는 《죽음의 부정(Denial of death)》을 통해 대부분의 사람들이 죽음의 불가피성을 무시하거나 회피하려는 모습을 보인다고 했다. 죽음의 과정에서 스며드는 불안과 공포는 우리 삶의 적응 기능을 저해하기 때문에 가급적 이것을 줄이려는 행동을 한다는 것이다. 언젠가 닥칠 죽음에 대한 두려움 때문에 삶에 대한 애착과 도전감도 더 생긴다는 견해다.

비슷한 맥락에서 미국의 심리학자 셸던 솔로몬(Solomon, et al, 1991) 등은 인간이 죽음의 공포에 직면할 때 표출되는 정서적 반응으로 '공포관리이론(Terror Management Theory, TMT)'을 제시했다. 이 이론은 사람들의 생존 욕구와 죽음 사이에 나타나는 심리적 갈등을 포착한다. 기본적으로 사람들은 자신의 유한성을 느낄수록 사회문화적으로 공유하는 가치관과 세계관에 매달리면서 죽음의 위협을 피하려 한다는 가설이다. 사람들은 한정된 수명 속에서 살아간다는 사실을 인식하면서 그 존재론적인 불안과 공포를 느낌으로써 인간은 심리적으로 이에 대처하려는 다양한 방법을 강구한다는 것이 중심 내용이다. 참고로 이 같은 반응은 크게 세 가지로 요약된다.

첫째, 심리적으로 죽음과 관련된 의식을 제거하려고 한다. 자기가 속한 집단의 문화와 규범을 지지하며 상징적인 불멸성을, 즉 개인은 죽어서 사라지지만 자기가 영향을 미친 사회는 영속할 거라는 믿음을 갖는다는 것이다. 종교에서 말하는 영혼이 사라지지 않는다는 신념 또한 같은 맥락이다. 사람들은 육체적으로 죽은 후에도 사회적 명예, 지위, 업적, 후손이 나를 기억해 줄 것으로 믿는다. 사람들은 자신이 사망한 후에도 여전히 영향을 미칠 것으로 생각하는 것, 이것은 불멸의 영원함을 바라는 소망의 다름 아니다. 죽음을 생각할수록 세속적인 삶보다는 영혼의 해방을 중시하는 것이 본래적 감정이다.

둘째, 죽음에 대한 부정은 곧 자신의 삶을 개척하고 자존감을 높여가는 데 유효하다. 자기가 속한 문화와 가치체계에 따른 자아존중감 (Self-esteem)이 높아진다는 것이다. 즉 자기가 속한 사회문화적 세계관에 익숙해지면서 그것에 기준을 삼고 만족하며 살아가는 삶이다. 자아존중감은 자기 삶의 더 큰 의미와 자신감을 갖게 하는 심리적 반응이라는 점에서 그렇다. 경제활동뿐만 아니라 정치적·종교적 신념, 기타 여러 가지 문제에 강한 활동성을 보인다.

높은 자존감을 가진 사람은 자신의 삶을 잘 통제할 수 있다는 사실에서 생명을 연장할 수 있을 것이고, 반대로 자존감이 낮은 사람은 생명에 대한 애착이 떨어지면서 무절제한 생활을 할 가능성이 높아진다. 다시 말해 자존감이 높은 사람은 자기 생활을 잘 조절하며 죽음을 아낄 것이고, 자존감이 낮은 사람은 자신을 통제하지 못하면서 생명을 아끼지 않는 죽음 상태에 쉽게 빠질 것이다.

셋째, 사람들은 유한성을 느끼기에 더 건강에 매달리게 된다. 나이가 들어가면서 신체적 약화, 건강 상실에 대한 두려움 때문에 몸 관리에 더 신경을 쓰며 건강하게 오래 살 것을 소망한다. 운동으로 몸을 튼튼하게 하며 정신을 맑게 유지하려는 것은 이와 같은 이유다. 노인들이 꽃미남을 만들어 줄 묘약을 찾아다니거나 잔주름 없애는 탱탱한 피부를 소원하는 것도 마찬가지다. 동시에 흡연과 음주를 끊거나 규칙적인 생활 습관을 가지려고 노력한다. 이를테면 균형 있는 식단, 건강식으로 몸 관리를 게을리하지 않는다. 현대인들은 몸을 단순한 몸이 아닌 사회적 자본으로 생각한다. 이 같은 모든 행동은 죽음의 공포로부터 벗어나려는 행동이다. 죽음이 너무 빨리 오지 않을까 두려운 나머지 좋은 삶을 추구하거나 신을 찾게 된다는 주장이다.

다시 요약하면 죽음에 대한 두려움 내지 공포는 당연한 것이다. 우리가 밤길을 걷다가도 무덤을 만나면 얼마나 무섭던가. 화장터와 납골당 근처에도 가기 싫지 않은가. 중세시대 기독교의 사후 심판에 대해 피할 수 없는 고통에 젖은 임종자가 죽음의 공포에 떨고 있는 모습은 문학작품에서 쉽게 찾아볼 수 있다. 사람들은 은연중에 죽음에 대한 공포(thanatophobia)를 가지고 있다. 이렇게 죽음에 대한 의식을 구성하고 있는 두려움의 씨앗들은 오랫동안 전승되어 온 잠재적 의식이다.

■ 지옥에 대한 이미지와 공포

죽으면 천국(혹은 지옥)에 가는가. 우리는 과연 새로운 차원의 저세상으로 이동하여 영생하는가. 그래서 죽음 이후의 문제에 대해 많은 질문을 하게 되고 많은 가능성을 상상해 본다. 그 가능성은 자기 믿음과 신념에 따라 새로운 삶이 재탄생할 수 있다. 무신론자일지라도 자신이 죽은 후에는 영혼 혹은 혼백이든 어떤 형태로든 자신의 흔적이 남게 되지 않을까 생각하며 살아간다. 기독교 문화권에서는 하느님의 나라로 가는지 지옥으로 떨어지는지에 관심을 갖는다.

그런데 죽으면서 두려운 것은 지옥에 대한 것이다. 그리스 개념으로 죽음의 세계를 하데스(Hades)라고 하는데, 망자들이 가는 세계다. 그리스 신화에서 보면 죄를 지은 사람이 지옥(Tartarus)까지 가는데 다섯 개의 강을 건너야 한다. 즉 불이 타고 있는 강 폴레게톤(Phlegethon), 비통과 슬픔이 있는 비애의 강 아케론(Acheron), 증오의 강 스틱스(Styx), 자신의 생애를 잊고 가야 한다는 망각의 강 레테(Lethe), 죄를 후회하며 건너는 통곡의 강 코키토스(Cocytus)다.

누구나 지상에서 지하세계로 가려면 이 강들을 건너야 하는데, 이때

늙은 뱃사공 카론(Charon)의 배를 타야 한다. 죽은 자를 건네 준다는 뱃사공은 암흑의 사자 에레보스(Erebos)의 아들이다. 그리스인들은 사람이 죽으면 여러 개의 강을 건너 저승에 간다고 믿었던 것이다. 죽은 후 저승으로 가는 얘기는 플라톤, 단테, 호머, 밀턴, 셰익스피어 등의 고전 작품에서 공동 주제로 언급되어 있다.

그래서 지하세계인 지옥(Hell, Helan)이 모두에게 두려운 대상이다. 많은 신화와 민속, 종교에서 지옥을 묘사하는 것이 그렇다. 북유럽 신화에서 Hell은 죽음을 다스리는 여왕의 이름이자 저승을 의미한다. 황천의 지배지인 Hell은 기독교의 악마 이미지와 겹치면서 이후 황천, 지옥(inferno)의 의미로 쓰게 되었다. 게르만 언어의 어원인 Hell의 의미는 덮는 것, 즉 땅 아래의 세상을 말한다. 죄를 지으면 땅 아래 지옥에 간다는 말이다.

기독교의 경우는 죽음이란 영혼과 육신이 서로 분리되어 영혼은 영원히 살아남고 육신은 죽어 흙으로 돌아간다는 믿음과 관련되어 있다. 특히 영혼의 불멸과 천국과 지옥이라는 세계관이 지배하는 가운데 죄를 지은 사람은 영원히 지옥으로 가는 벌을 받아야 한다는 교리다. 기독교 성경에 나오는 일곱 가지 대죄악은 탐욕, 색욕, 나태, 야욕, 질투, 분노, 교만이다. 단테의 《신곡》에서도 성경에 나오는 일곱 가지 대죄(Seven Death Sins)를 저지르면 인페르노(inferno, 지옥)에 떨어진다고 했다. 죄를 범한 죄인과 불신자들이 떨어지는 곳이 지옥이다. 지옥의 모습은 심하게 짖어대는 개, 음침한 동굴, 유황불, 지진과 용암, 울부짖는 울음, 비명과 통곡 소리 등 공포감을 느끼는 상징들이다.

덧붙이면 누구에게나 마음속으로 천당과 지옥을 생각한다. 천국이 아닌 징벌로써 지옥을 생각할 수 있다. 이와 관련해 그리스 신화에 나오는 징벌 이야기 세 가지를 소개한다.

1) 시시포스(Sisyphos) : 돌을 영원히 산 위로 밀어올리는 형벌이다. 신으로부터 벌을 받은 시시포스는 죄로 인해 돌을 올리지만 결국 정상에 올려진 돌은 다시 굴러 떨어지고 만다. 돌이 다시 떨어져도 이를 또다시 올려야 하는 인물이다.

2) 익시온(Ixion) : 불경죄를 지어 수레바퀴에 묶인 채 끝없이 굴러가는 형벌을 받는 모습이다. 신들의 연회에 참석했다가 거기서 만난 헤라의 미모에 반해 정욕을 품었다가 이에 노한 제우스가 익시온을 지옥 밑바닥 타르타로스에 떨어뜨려 죗값을 치르고 신음하는 인물이다.

3) 탄타로스(Tantalos) : 영양 공급이 영원히 박탈되는 형벌이다. 탄타로스는 제우스의 아들로 신들의 사랑을 받았지만 신들의 비밀인 음식과 꿀을 인간에게 누설하여 저승으로 추방되었다. 연못이 있지만 물을 먹을 수 없고, 나뭇가지에 달린 과일이 눈앞에 있어도 먹을 수 없는 고통을 받는다. 영원한 굶주림과 갈증으로 고통받는 모습이다.

이상의 이야기는 인간이 죄로 말미암아 그 징벌로 가는 곳이 타르타로스(Tartarus)임을 암시한다. 다른 표현으로 햇볕이 없는 고통의 지하 세계인 하데스(Hades)라는 말과 관련된 이곳은 플라톤이 말하는 죄를 짓고 죽으면 영원한 형벌을 받는 곳이다.

기독교에서는 지옥, 흑암, 음부 혹은 저승으로 무한지옥이요 어두운 구덩이 무저갱이다. 죄를 지으면 "지옥에 던져(down to hell)"(베드로후서 2:4), 혹은 다른 표현으로 "타르타로스에 던져(throw to Tartarus)"라고 표현한다. 지옥은 우리말 '황천'의 개념에 가까운 곳이다.

참고자료

Becker, Ernest(1973), The Daniel of Death, New York : The Free Press.
Bradley, Ben(2013), How Bad is Death, Canadian Journal of Philosophy, 37(1), 111-127.
Elias, N(1985), The Loneliness of the Dying, Oxford : Basil Blackwell.
Fischer, John Martin(2001), Epicuteanism about Death and Immortality, The Journal of Ethics, 10(4), 355-381.
Solomon, S., Greenberg, J., Pyszczynski, T.(1991), A terror management theory of social behavior : The psychological function of self-esteem and cultural worldviews, Advance in Experimental Social Psychology, 24(93), 159 이하

2. 죽음에 대한 초월성과 불멸의 소망

불멸의 문제(problem of immortality)는 죽음의 철학에서 다뤄지는 주요 개념이다.(Fischer, 2013) 플라톤의 《파이돈(Phaidon)》에서 밝혔듯이 육체는 물질적이며 소멸되는 것이라면 불멸은 비물질적 차원의 영혼 불멸설이다. 인간이 초인적으로 살려는 욕망은 불멸이라는 본성이다. 환생의 길을 찾는 것, 천국을 소망하는 영적 진리가 그렇다. 영겁에 걸친 무수한 삶 속에서 질병과 고통 없는 세상을 소망하는 것이다.

영혼 불멸의 시대를 대비하는 미국의 생명연장학회(Life Extension Society)와 생명과학자들은 신의 영역에 도전하는, 즉 영구적인 생명 연구에 몰두하고 있다. 인간은 정신적 · 생물학적인 한계를 극복하려는 트랜스휴머니즘(Transhumanism) 시대로 접어들었다.

그런 가운데 인간은 죽어서 다른 형태로 이어질 것을 소망한다. 많은 경전들의 내용이 그렇지만 특히 파드마삼바바(1995)가 썼다는 《티벳 사자의 서》에서는 사람이 죽으면 '정신적인 에너지' 혹은 '생명력(혼)'이 '밝은 허공' 속으로 이탈하는 것을 보여 준다. 이런 궁극적 실체는 종교적 믿음 또는 개인 심령의 경험과 연결되어 있다. 개인은 자신의 믿음을 통해 죽음으로부터 두려움을 벗어날 수 있는 긍정적인 마음의 상태를 유지할 것을 일깨워 준다. 또한 야스퍼스는 이 같은 소원을 시간적 연속성의 형태로 보았다. 그런 연속선상에서 공포 없는 죽음이 바로 '진정한 죽음'이요 인격적 자아 추구다.

문제는 죽음을 죽음답게 추구하지만 야스퍼스의 경우 죽음을 초월하는 어떤 종류의 결정적 증거가 없다는 점을 지적하고 있다. 그러면서 불멸에 대한 믿음은 오직 개인의 믿음에 기초하기 때문이라는 것, 설사 불멸의 개념이 근거 없는 믿음일지라도 불멸을 소원한다는 것은 자신의 진정한 자아를 찾을 수 있다는 증거가 된다고 했다.(Filiz, 2008) 죽음이 절망을 가져오지만 '생 이후의 생'으로 이어진다는 불멸의 믿음은 개인으로서는 안도감을 보장받을 수 있다는 것이다.

■ 죽음 이후는 다른 삶으로 이동하는가

이 세상 누구도 죽음에 대한 충분한 설명이나 그 이후를 완벽하게 경험적으로 설명할 수 없다. 하지만 이제까지 내려오는 죽음에 대한 해석, 그리고 사후에 어떤 모습으로 존재할 것인가 하는 문제는 의학적으로 종교적으로 수없이 논의되어 왔다. 천국이 어떤 곳인지는 끝내 답을 주지 않지만 죽음은 우리 삶과 밀접하게 이어져 있으니 두려워하지도 말고 특별하게 생각하지도 말라는 식이다.

프랑스 철학자 한스 게오르그 가다머(Gadamer, 1989)가 말하는 '영향사(影響史, history of effect)'적 의미에서 죽음과 죽음 이후를 살펴볼 수밖에 없을 것이다. 여기서 '영향사'는 전통적으로 내려오는 죽음에 대한 이야기들이다.

플라톤(2008)은 "육체가 소멸하더라도 영혼은 불멸하고 영원히 남아있어야 한다"고 결론냈다. 불가(佛家)에서는 죽어서 내세에 가서도 윤회생사(輪回生死)가 계속된다고 말한다. 기독교에서는 죽음을 하느님의 품으로 인도되는 것으로 가르친다. 한국죽음학회는 "죽음은 꽉 막힌 돌담벽이 아니고 다른 차원으로 이동하는 열린 문"이라고 했다.

더구나 노년학에서는 생사문제가 물질적 몸의 평균적 기능으로서의 실증적 개념에다가 인간의 보편적 존재조건들인 영성까지 포괄하는 '생물심리사회-영혼(biopsychosocial-spiritual)'의 포괄적 개념으로 확대되고 있다.(Sulmasy, 2002) 영혼의 본성을 탐구할 때, 즉 헛된 욕망이나 정념에 사로잡히지 않을 때 일상의 평정심을 되찾을 수 있다고 본다. 특히 노년 후기에는 인생을 마무리하는 단계로 임종을 준비하는 시기라는 점, 그리고 수없는 질병과 이로 인한 죽음에 대처하면서 세상과 화해하는 시기로 보고 있다.

그러면 죽음 이후에는 어떤 가능성이 있고 과연 무엇을 얻게 될까. 이와 관련해 죽음 이후에 대한 전통적 사유를 네 가지 형태에서 찾아볼 수 있다.

첫째, 자연의 법칙인 흙으로 돌아가는 것, 즉 몸의 소멸인 무(無)로 돌아가는 것이다. 육체의 소멸은 경험적 존재의 끝에 해당된다. 육체의 내적요소로서 신체적 건강, 감정의 조절능력, 정신적 능력, 영적 능력이 쇠퇴하는 것이다. 생물의학적으로 각자의 체중, 혈압, 혈중 내 콜레스테롤 등의 문제가 생기면서 치명적인 질병에 걸릴 수 있다. 인간은 어느 날 태어나 생물학적 시간(biological time)에 맞춰서 성장하다가 노년 후기 어느 날 사망하는 것이다. 한평생은 우리에게 주어진 시간과 공간, 물질과 에너지, 그리고 일상의 마음을 추스르며 살다가 죽는 것이다.

둘째, 죽음 이후에도 영혼이나 정신은 소멸되지 않고 계속 다음 생으로 부활한다고 믿는 기독교, 유대교, 이슬람교 등 유일신 종교들의 입장이 있다. 죽어도 미래의 어느 날 살아날 수 있을 것이라는 믿음이다. 고대에 시신을 미라로 처리하거나 현대 과학기술에 의한 '인체 냉동보존'은 부활의 믿음이 있기 때문이다. 육체는 소멸되지만 개인의 의식이 궁극적으로 무한대의 영원으로의 복귀가 이루어진다는 믿음 같은 것이다. 다시 말해 인간의 정체성 중에 중요한 것은 몸에 영혼이 있다는 견해다. 플라톤이 《파이돈》에서 영혼의 존재뿐만 아니라 불멸을 강조했던 것도 같은 맥락이다.

셋째, 불교와 힌두교에서 말하는 윤회설(Samsāra)로 중생은 죽은 뒤 그 업(業, karma)에 따라 다른 세계에서 태어난다는 교리다. 산스크리트어인 카르마는 동식물의 '종자'이고 시간에 따라 성장 변화한다는 뜻이다. 좋은 또는 나쁜 카르마는 당사자들의 의도와 행동에 따라 달라진다고 본다. 그런 이유로 좋은 의도는 항상 좋은 카르마를 만드는 법이다. 모든 것은 멈추지 않고 변한다(諸行無常)는 논리 속에 윤회설은 현재 사는 사람들에게 악을 저지르지 말고 선을 취하라는 교훈을 담고 있다. 죽음을 준비하기 위해서는 살아 있는 동안 우리 마음과 감정들을 잘 수련하여야 한다는 것, 죽고 난 뒤에도 고통으로부터 자유로워질 수 있는 훈련을 받아야 한다는 것이다.

넷째, 니체가 말하는 '영원회귀설(永遠回歸說)'이다. 니체 철학의 핵심 사상 세 가지는 힘(권력)에의 의지, 초인, 영원한 회귀로 모아진다. 그중에서 영원회귀설(Doctrine of Recurrence)은 끝없는 논쟁의 대상이다. 니체(2015)는 《차라투스트라는 이렇게 말했다》에서 수레바퀴처럼 영원히 돌고 도는 의미의 영원회귀설은 똑같은 것이 그대로의 존재로 영원히 돌아간다는 점을 제시했다. 우리 삶의 시작과 끝이 계속되어서 인간이 영원히 같은 삶을 반복한다는 설명이다.(Bergstrom, 2013)

그러면 그의 주장대로 "삶은 영원이 반복된다"는 것이 과연 타당한가. 그 해석이 종교적 신비감을 지닌 난해한 주제이기도 하지만 생로병사 과정에서의 순간순간을 충실히 수행하는 데 대한 자유와 구원의 길을 제시한 것으로 봐야 할 것이다.

결국 죽음 이후의 문제는 의학적 · 생물학적 입장, 종교나 철학적 입장이 있지만 모두 만족할 만한 결정을 내리지 못하고 있는 듯하다. 아니 불가능성의 도전일지 모른다. 대부분의 사람들은 "죽음 이후에 어떤 일이 일어날지를 아무도 모른다"는 사실에서 그렇다. 죽음은 의식이 육신에서 분리되어 흙으로 돌아간다는 사실, 전통적으로 내려오는 도구적 합리성이 죽음의 문제를 설명하고 있을 뿐이다.

더구나 죽음 이후의 모습은 경험적으로 규정될 수 없는 영역이며 특히 불확실성과 부정성이 작용하는 것이 엄연한 사실이다. 죽음 이후의 세계는 이성적으로 합리적으로 설명될 수 없는 혹은 설명하기 어려운 사건으로 남아 있다. 영혼 불멸의 개념 역시 철학의 탄생 이후 합리적인 사고를 갖도록 하는 데 기여했을 뿐이다.

이렇게 불멸의 개념과 죽음은 상반되는 것이지만 개인의 '영원성'을 소망한다는 점에서 불멸의 소망은 개인인 '나'의 값진 목표다. 육체는 없어지지만 '나'는 초월적인 상태로 역사 속에서 가족들 마음속에서 잊어버리지 않고 계속 만나게 되는 것, 그래서 죽어서 사는 셈이다. 인간의 불멸은 개인의 삶의 흔적들이 후세에 계속 기억된다는 뜻이다. 생과 사는 시공 속에서 연속으로 이어지는 것이다. 플라톤은 죽음이란 이 세상에서 다른 세상으로 영혼이 이동하는 것이라고 했다.

■ 죽음의 초월성

인간은 영적인 존재로서 영성을 소유하는 유일한 피조물이다. 영혼을 믿는 사람들은 세속적인 삶을 포기하고 영적인 차원으로 이루어진 미래를 기대한다.(Cave, 2012) 이러한 영혼 혹은 생영(living soul)은 히브리어로 '네페슈(nepes)'인데 이는 태어나는 생령, 영혼의 숨결을 의미한다. 좀 쉬운 말로 표현하면 목구멍을 넘나드는 숨결 또는 심연을 가리킨다. 영혼의 생명력, 지혜는 신으로부터 오는 것, 신이 숨을 불어넣었다는 견해다. 이러한 영혼은 흔히 '숨쉬는 공기(air the breath)' 같은 것으로 매우 개인적인 경험적 요소다.

그러면 직설적으로 말해서 사람이 죽으면 다른 영역(천당, 지옥, 황천)으로 이동하는가. 그렇다면 과학은 이를 증명할 수 있는가. 이 같은 질문을 받으면 매우 당황스럽기만 하다. 그러나 현자들은 신체의 죽음 이후에도 영혼이나 정신은 소멸되지 않고 새로운 시간으로 계속 이어진다는 견해를 보인다. 임사 체험자들은 천국을 보았다고 말하고, 기독교 교인들은 '천국은 진짜'라고 믿는다. 죽음 이후에 부활과 심판이 있고 그 심판에 따라 좋은 보상과 나쁜 처벌이 따른다는 교리를 믿는다. 사도 바울과 성 어거스틴은 신과 하나가 되는 것이 믿음이고, 이런 믿음을 가질 때 복된 삶이라고 했다.

영국의 철학자 스테판 케이브(Cave, 2012)는 인간의 욕망이 문명의 엔진이라고 하면서 불멸에 이르는 네 가지 길을 제시했다.

첫째, 육체적 생존 욕구다. 단 하루라도 더 젊고 건강하게 살고자 부단히 노력한다. 그러나 영원한 생명은 없다. 여기서 불사의 욕망이 일어난다.

둘째, 부활이다. 유대교, 기독교, 이슬람 등 유일신을 믿는 종교는 육체적 부활을 핵심 교리로 삼고 있다. 죽어도 미래의 어느 날 살아날 수 있을 것이라는 희망이다. 인체 냉동보존 등이 부활의 믿음이다.

셋째, 영생의 꿈이다. 즉 영혼으로 살아남기다. 정신적인 존재, 영혼의 존재로서 나를 믿는다.

넷째, 자기가 이룩한 유산을 남기는 일이다. 유산은 자신의 자아를 미래의 시간으로 확장하는 간접적인 방식이다. 많은 사람들은 자신의 유산으로 불멸의 명예를 남기고 싶어 하는데, 그중에서도 자식을 최고의 유산으로 여긴다. 유전자를 통한 불멸의 욕망이다.

그러나 이와 같이 영생의 꿈이 있다면 "죽음 이후의 삶은 과연 존재할까" 하는 의문이 생긴다. 궁극적 관심으로 죽어서 내 영혼은 어디로 갈까 하는 의문은 여전하다. 사람이 죽으면 육체가 소멸하는 것은 확실한데, 그러면 영혼은 어떻게 되는가. 명료화하기 쉽지 않지만 의식의 높은 수준을 형성하고 그 존재 자체에 용해될 때 진정한 자아를 찾을 수 있다고 본다.

그런 점에서 자기 자신의 존재감을 갖게 하는 영성 훈련이 강조된다. 소크라테스는 자신의 사형을 받아들이면서 육체보다 영혼을 중시하고 생을 마감한 사람이다. 소크라테스와 플라톤은 죽음이란 몸과 영혼이 분리되는 것으로 보았다. 감각적 육신은 소멸하는 것이고 지성에 의해 인식되는 영혼은 불멸이라는 이분법적 견해를 보였다. 소크라테스는 영혼의 불멸 및 사후세계에 대한 확신을 통해 존재의 지평을 넓혀가는 것이 필요하다는 입장이다. 소크라테스는 삶과 죽음이 연속된다는 입장에서 죽음에 대해 깊이 성찰하지 못할 때 죽음은 단지 육체의 소멸일 뿐이라는 입장이다.

■ 죽음과 영혼불멸설

신의 작품으로 우리 몸, 영혼이 불멸이라면 우리 삶 속에서 '영혼'을 어떻게 이해할 수 있을까. 그것은 종교가 다양하듯이 영혼의 형태는 크게 두 가지로 설명된다. 즉 앞에서도 언급된 것이지만 인간이 육체와 영혼으로 구성되어 있다는 2분설(dichotomy)이 있고, 몸과 혼, 영으로 구성되어 있다는 3분설(trichotomy)이 있다. 2분설에서는 신체적 유기체로 땅을 지향하는 감각적 성질인 육체와 비물질적 영(靈, pneuma) 내지 성령(pneuma, hagion)으로 구성되었다는 입장의 희랍적 이원론 사고가 대표적이다.

또 후자의 경우 3분설은 인간은 물질적 성질인 육체(flesh)와 비물질적 성질인 혼(魂, psyche)과 영(靈, pneuma)으로 구성되어 있다는 것이다. 몸은 물질적 부분이고, 혼은 동물적 생활의 윤리가 되며, 영은 이성적 생활의 원리로써 하느님께서 지으시고 숨(氣)을 불어넣어 주신 것으로 해석한다. 구약성서 창세기(1:27)에서 보면 하느님의 모습대로 사람을 지어내셨다. 따라서 인간이 신과 한몸을 이루고 있다는 의미에서 피조물 안에 창조주가 현존한다는 논리다.

더구나 기독교의 '인간론'에서 보면 인간의 영혼은 육체와 구별된다. 즉 프뉴마(영, pneuma), 프시케(혼, psyche)라고 부르는 인간의 영혼은 육체와 구별되는 모든 정신적 실체와 기능을 포함하는 인간의 본질적 실체다. 창세기 2:7에 하느님께서 영(spirit)을 불어넣으니 생령(living soul)이 되었다는 점에서 이를 알 수 있다. 아울러 창세기 27:3에서는 생명(life)과 영(spiritual)을 번갈아 사용하고 있다. 또 사도 바울은 몸이란 물질적인 동시에 영적인 인간 생명의 유기적 통합으로 이해하고 있다. 정신 혹은 마음이라고도 하는데 살아 있는 동안에는 육체와 불가분의 관계에 있으나 죽으면 육체와 분리되어 영혼은 내세로 가게 된다는 설명이다.

그러면 고대 철학자들은 어떻게 보는가. 플라톤과 아리스토텔레스 역시 죽음을 육체와 영혼의 관계에서 접근했다. 육체와 영혼이 결합된 모습이 인간이라는 것이다. 이들의 주장이 '심신이원론'이라면 단순히 몸의 죽음은 생물학적으로 소멸하는 것이고 영혼은 지속되는 것이다.

플라톤은 인간만이 영혼이 있다면서 육체는 영혼을 담은 감옥이라고 했다. 죽음은 바로 영혼이 육체라는 감옥에서 해방되는 계기를 만들고 이는 오히려 축복이라는 것이다.

반면에 야스퍼스는 사람이 죽음을 초월하는 개념은 같지만 실존 (existenz)이라는 단어를 쓴다. 그는 종교적 관점에서 타락, 양심, 죄책감, 초월 등은 존재의 표현이고 실존적 요소로 보았다. '지금 여기(now/here)'에서 영혼은 '세계-내-존재(being-the-world)'로서 진정한 존재라는 것이다. 그런고로 어떤 죽음이든 '지금 여기'에서 영혼은 '세계 내 존재'보다 높은 가치를 지니게 되는 것이다.

참고로 이러한 영혼을 가진 동물(사람)들의 능력은 ▷영양섭취 능력, ▷감각적 능력(상상, 감정), ▷욕구 능력(갈망, 욕망, 희망), ▷운동 능력(시공 이동), ▷사고 능력(생각, 사유)을 갖고 있다. 영혼은 운동 능력과 감각 인식, 사유 능력을 가진 비물질성(선과 악, 참과 거짓, 미와 추함)을 포함하는 개념으로 인간 존재는 죽음을 넘어 영적으로 이어진다는 것, 즉 죽음 후에도 영혼은 계속된다는 믿음을 보인다.

짐작하겠지만 이런 영혼에 대한 영원성의 믿음은 매우 종교적이고 철학적이다. 중세기부터 몸이 죽어야 죽음에 이르는 것이지만 영혼은 끝이 아니라는 믿음이 강하게 작용했다.(Assange, 2012) 물론 서구에서는 17세기 이후 과학지식이 성장하면서 신 중심의 창조론에 의문이 제기되었다. 종교적 믿음이 감소하기 시작하면서 종교적 역할이 약해짐은 물론 죽음에 대한 입장도 변하게 되었다. 즉 물질적 측면에서 영적 세계보다는 우리가 살아가는 '지금 여기'의 삶으로 전환되는 과학적 사고가 지배하게 된 것이다.

그러면 평범한 사람과 영적인 사람의 차이는 무엇인가. 그것은 간단하다. 죽음이 당신에게 올 때 두렵고 슬프게 느껴진다면 불행한 사람이고, 죽음을 긍정적으로 웃으며 받아들일 때 영적 성장을 이룬 사람이다. 영적 안녕감을 갖게 되는 것은 죽음이 곧 소멸이 아니라는 사실을 믿기 때문이다. 그런 점에서 우파니샤드는 우리에게 뭔가 중요한 메시지를 던진다. 죽음의 시간, 즉 마지막 시간에 우리가 무엇을 해야 하는가. 생명의 본질을 알 때 아무도 우리를 흔들 수 없고 어떤 죽음도 극복할 수 있다는 메시지를 던진다.

"우리는 파괴될 수 없다. 우리는 동요할 수 없다. 우리 영혼은 생명의 본질이다. 우리가 파괴되지 않는다는 것은 죽음에 대한 승리다. 죽음이 어디 있고 왜 두렵고 슬픈 일인가."

대단히 시사적이지만 인간은 영적 존재라는 사실을 누구나 인정한다. 영혼의 존재를 믿는 것은 인간 세상에서 보편적인 현상이다. 영혼은 인간의 내적 요구를 반영하기 때문이다. 더구나 미성숙 단계에서 계속 성장하고 번성하는, 그리고 영혼을 살찌우는 네오테니(neoteny)의 특성은 기쁨과 사랑, 놀이, 경외감, 신비감 등이다.(Beaman, 2006) 영혼(영성)을 높여 가는 데는 명상과 몰입(flow), 용서의 개념까지 포함한다. 그런 의미에서 사람들로 하여금 인생 역경에 대처하는 데 종교가 큰 영향을 미친다는 사실은 분명해진다.

참고자료

니체, 프리드리히(2015), 《차라투스트라는 이렇게 말했다》, 김인순(역), 서울 : 열린책들.
파드마삼바바(1995), 《티벳 사자의 서》, 류시화(역), 서울 : 정신세계사.
플라톤(2008, 《소크라테스의 변론 파이돈》, 김영범(역), 서울 : 서해문집.
Assante, Julia(2012), The Last Frontier: Exploring the Afterlife and Transforming Our Fear of Death, California : New World Library.
Beaman, Ronda(2006), You're Only Young Twice : 10 Do-Overs to Rewaken Your Spirit, Massachusetts: Vander Wyk& Burnham.
Bergstrom, Lars(2013), "Dead and Eternal Recurrence", in Bradley, Ben, Fred, Feldman(2013), The Oxford Handbook of Philosophy of Death, Oxford: Oxford University Press. pp.167-185.
Cave, Stephen(2012), Immortality : The Quest to Live Forever and How it Drives Civilization, New York : Crown Pub.
Filiz, Peach(2008), Death, Deathlessness and Existenz in Karl Jaspers' Philosophy, Edinburgh : Edinburgh University Press.
Fischer, John Martin(2013), "Immortality", in Bradley, Ben, Fred, Feldman(2013), The Oxford Handbook of Philosophy of Death, Oxford : Oxford University Press. pp.336-353.
Gadamer, Hans-Georg(1989), Truth and Method, New York: Continuum Group.
Sulmasy, Daniel P.(2002), A biopsychosocial-spiritual model for the care of patients at the end of life. The Gerontologist, 42, Special Issue III, 24-33.

3. 죽음 후에 남는 것들

인간은 과거와 현재, 미래의 시간적 배열 속에서 살아간다. 현재의
이 순간에 과거와 미래를 한데 모아 영원성으로 이어진다는 것, 현재의
모든 순간, 지금의 삶 전체가 그대로 영원한 가치로 이어져 간다는 종
교적 논리가 지배한다. 몸이 죽은 후는 천국, 극락, 연옥, 지옥으로 이
동한다는 교리도 마찬가지다. 그러나 우리가 포착하려고 하는 죽음과
영혼의 문제는 복잡하고 역설적이며 난해한 영역이기도 하다.

죽음의 그림자는 늘 우리와 함께 움직인다. 죽음에 대한 인식은 긍
정이든 부정이든 우리의 공유된 일반성이다. 분명한 사실은 필연적으
로 죽음이 곧 닥칠 것이라는 점이다. 정상적인 사람도 나이 들면 점차
병이 들고, 장애가 생기는 비정상적인 몸으로 변하면서 결국 죽음에 이
르게 된다. 자신이 죽는지도 모르고 갑자기 죽을 수도 있다. 비이성적
인 영역이지만 천국이 아닌 징벌로써 지옥을 생각할 수 있다.

■ 당신은 죽어서 어떤 사람으로 기억되고 싶은가

우리는 모두 홀로 죽어야 하므로 죽음에 대한 끔찍한 상실의 감정을
느끼게 된다. 많은 현인들 그리고 히틀러, 무솔리니, 알렉산더, 스탈린,

김일성 어느 누구도 팡파르 없이 죽었다. 또 부자들은 풍요로운 혼란에 빠져 돈방석을 깔고 자더라도 새벽에 일어나지 못하고 저세상으로 갈 수 있다. 죽음 앞에는 세상의 명예도 부(富)도 건강도 일시적 소유에 지나지 않는다. 살아 있는 모든 만물은 빈손으로 가게 마련이다. 죽음은 삶이 만든 최고의 발명품이라고 하지 않는가.

누구나 스스로 자기 삶을 돌아볼 때 과거는 굽이마다 눈물이었다고 생각한다. 노인들이 행복과 불행을 모두 겪으면서 이제까지 살아왔지만 대부분 감정이 메마른 상태에서 마지막 남은 몇 해를 힘겹게 보내는 경우가 많다. 죽음을 준비하는 시간조차 없는 갑작스런 사고는 누구에게나 닥칠 수 있다. 활활 타던 불이 저절로 꺼지듯 생생하던 세포들도 하나씩 죽어가고 있는 것이다.

가끔 노인요양원에 가서 보면 "이것이 늙음의 마지막 모습인가" 하고 생각하게 된다. 요양원은 생사의 경계에 놓인 불안한 임시 안식처다. 누워 있는 노인들은 아무것도 모르는 듯하다. 노인들이 가는 실버타운, 노인요양원 등은 외부와 단절된 고립된 '섬'에 불과하다. 요양원에 누워 있는 노인들은 각자 다른 생의 목표를 향해 달려오다가 마지막에 이르러 죽음을 기다리는 군상들이다. 그들이 살아 있을 때와 죽을 때의 차이가 무엇인지 알고나 있을까 싶다.

"슬프다, 죽음이여! 하지만 세상(가족)은 당신 이름조차 기억하지
못할 것이다."

죽음은 지상 순례를 끝내는 것이지만 그 순간을 예측하지 못하고 허둥대게 된다. 그럼 죽음 후에 남는 것은 무엇일까. 그리고 인생에서 가장 소중한 기억은 뭘까. 실제로 홀로 독방에서 생각해 보자. 당신이 운 좋게 80~90세까지 살아왔다면 죽음이 생각보다 멀지 않다. 아내와 자식들이 내가(남편과 아버지) 죽었을 때 과연 "이 세상에서 내가 가장 사랑하고 존경했던 사람"이라고 생각할까? 당신의 죽음을 슬퍼하며 기억하는 사람이 몇이나 될까. 호랑이는 죽어서 가죽을 남긴다는데, 나는 죽어서 무엇을 남길까. 다시 말해 가족들은 물론 세상 사람들이 내 죽음을 어떻게 평가하고 기억할까?

비슷한 말로 당신의 장례식에서 어떤 추모사를 듣고 싶은가. 이를테면 "훌륭했다, 잘 살았다, 친절했다, 돈을 많이 벌었다, 아니면 고생만 하다가 죽었다"는 식의 평가를 들을 수 있다. 사회적 기여도에 따라 공덕비도 세워 준다. 경영학의 석학 피터 드러커(Peter Drucker)의 좌우명은 "죽어서 어떤 사람으로 기억되고 싶은가"라는 질문이었다. 늙어 가면서 죽은 후 누군가 나를 기억하고 내가 그를 기억하는 인연은 너무나 아름답고 감사한 일이니 그렇다.

"굿바이 내 친구(아내)야, 영원히 기억할게!"

세상에서 덕을 많이 쌓은 사람, 축복받은 자의 죽음은 더욱 가슴 아픈 일이다. 장례식장에서 눈물을 흘리며 슬퍼하는 가족들을 볼 수 있다. 어떻게 살았느냐에 따라 슬픔의 감정도 다르다. 어떻게든 살아가기 위한 정신적 짐을 제거한다든지 이미 죽은 사람과 화해하는 행위, 아니면 애도란 남은 가족들이 함께 험난한 세상을 잘 살아가자는 다짐일 수도 있다. 죽음은 당사자만의 일이 아닌 가족 전체와의 이별이고 애도의 시간으로 간주되기 때문이다.

그런데 당신은 마지막 궁극적 관심으로 내가 "지옥 명부에 올라 있을까, 천당 명부에 올라 있을까" 하고 죽음 후 영혼의 안식을 두려워할 것이다. 이런 의문은 누구나 갖는 마지막 관심이다. 그렇다면 죽음의 준비로 종교에 대한 의식(ritual), 헌신(devotional), 신념(belief), 경험(experiential)도 필요하다. 세상이 너무 허무하고 슬픈 것은 사실이지만, 마지막 동산(천국)을 향해 걸어가는 것은 아름다운 여행이 아닐까. 소크라테스는 '백조의 노래'에서 백조가 자신의 죽음을 슬퍼하여 최후의 노래를 부르는 것이 아니라, 자기들이 죽어간다는 사실을 감지하고 신의 곁으로 떠나가는 것을 기뻐하며 노래를 부른다고 했다.

결론적으로 내 삶의 내신성적은 얼마일까. 어차피 일몰 앞에 다가선 우리 인생길이 아니던가. 죽어갈 때 이 세상에서 살아온 것이 "참 좋은 경험이었다"라고 말할 수 있을까. 사람들은 제 수명을 다하고 늙어서 잘 죽는 것이 소원이다. 그게 인생인 것이이다. 말인즉 내 죽음이 가족들에게는 미래를 향한 생산적인 에너지의 축적으로 이어지도록 잘 죽는 일이다.

마지막 가는 길도 향기롭게 맞이할 수 있는 사람, 가족 앞에서 환한 미소로 두 눈을 감을 수 있는 사람이 되고 싶지 않은가. 가족 중에 "아빠(엄마)가 아득한 먼 하늘에서도 지켜 주겠지" 하고 기억하며 아쉬워하는 죽음이 그리 쉽지 않다. 죽는 것은 동일하지만 세상을 어떻게 살았느냐에 따라 죽음에 대한 대우, 기억이 다른 것이다.

■ 죽음 앞에서 가장 후회하는 것들은 무엇일까

한평생 살아오면서 즐겼던 시간은 얼마나 될까. 우리는 지나간 삶을 돌아보며 많은 후회를 한다. 다시 태어난다면 지금과 같은 삶을 살지 않겠다고 후회하기도 한다.

그렇다면 사람들은 죽기 전에 무엇을 어떻게 후회하는 걸까. 특히 노년기에 접어든 사람들은 자신의 삶을 다시 돌아볼 때 무엇을 후회하는가. 흔한 말로 우리 생활 속에서 느끼는 후회는 더 열심히 공부할 걸, 열정적으로 일할 걸, 더 많이 사랑할 걸, 더 많이 아이들과 놀아줄 걸, 더 저축할 걸 등 '~할 걸'을 후회한다. 그래서 인터넷 커뮤니티에 떠도는 내용들을 보면 대개 5가지, 10가지, 25가지, 50가지, 100가지 후회를 하고 있음을 알 수 있다.

그럼 후회(regrets)란 무엇인가. 후회란 사전적 의미로 "이전의 잘못을 깨닫고 뉘우친다"는 뜻이다. 말을 바꿔서 후회란 진솔한 자기 반성이자 앞으로 살아갈 비전, 아니면 또다시 후회 없이 살아가기 위한 자기 통찰일 수 있다. 후회는 지금 이 시점에서 느끼는 감정으로 '이렇게 했더라면' 하면서 '다음번에는 이렇게 해야지' 하는 생각으로 연장되기도 한다. 다시 말해 후회는 무엇인가. 이전에 실패한 것, 나쁜 것, 안 좋은 것을 피하기 위한 대안적 선택 과정이다.

"내 삶이 과연 내가 택한 삶이었던가. 내 삶을 진정으로 사랑했던가."

사실 인간은 후회하는 동물이다. 인간은 수많은 후회를 떠올리며 죽음의 순간까지 후회한다. 사람들은 자신의 건강문제, 생계문제, 이성문제, 자녀교육, 주변사람들과의 관계를 떠올리며 '후회된다', '후회스럽다'고 말하곤 한다. 아마도 마지막 순간에 '지금 죽어도 여한이 없다'며 당당하게 죽어갈 사람이 몇이나 될까.

내가 만일 한두 달밖에 살 수 없다면 무엇을 가장 후회하고 어떤 미련이 남을까. 흔히 "아, 그때 결단을 내렸어야 했는데" 혹은 "나는 왜 안 했을까? 왜 실패했을까? 왜 용기가 없었을까?" 하고 안타까워할 것이다. 이 같은 반응은 과거의 잘못된 결과 내지 나쁜 결과를 초래한 행동에 대해 지금과 비교하며 자책하기도 하는 심리적 회한이다.

그런데 문제는 100세 시대 오래 살게 되면서 더 많은 후회를 하게 된다는 사실이다. 노년기가 길어지기 때문에 오히려 즐거움보다는 허무한 생각이 들며 아쉬움만 남게 마련이다. 노인들은 자신의 죽음에 직면해서 이제까지의 생애 과정에 대해 특별한 의미가 있고 만족스러운 생으로 인식하기보다는 자신의 삶이 무의미했다며 후회하는 것이다. 아니면 보다 나은 삶을 다시 살 수 없다는 절망감에 빠지면서 후회스런 감정으로 변한다. 에릭슨(Erikson, 1963)에 의하면 사람들은 성인기에 접어들면서 불행감이나 잃어버린 기회에 대해 아쉬워한다고 한다. 인간 존재의 허약함과 무상함에 대한 감정이나 후회는 피할 수 없는 감정이라고 지적한다.

참고로 한 세상을 살아온 생활양식을 보면 먹을 것을 구하고 만들어 먹기 위해 인생의 56%를 소비하고, 맛의 즐거움, 좋은 곳을 찾아다니는 데 15%, 동료 등 사회적 관계 유지, 이성을 찾아 욕구를 실현해 가는 데 10%를 소비한다고 한다.(E F, Schumacher, 1999) 이런 생활 가운데서 누구에게나 지우고 싶은 것, 잊고 싶은 것 등 크고 작은 후회가 있다. 사람들은 자신이 이루지 못한 것에 대한 아쉬움이 쌓이면서 인생 황혼기에 혹은 죽음 앞에서 더 많은 후회를 하게 되는 것이다.

일본의 호스피스 전문의 오츠 슈이치(2011)는 죽을 때 후회하는 모습 스물다섯 가지를 제시했다.

- 사랑하는 사람에게 고맙다는 말을 더 했더라면
- 진짜로 하고 싶은 일을 더 했더라면
- 조금만 더 겸손했더라면
- 친절을 더 베풀었더라면
- 나쁜 짓을 하지 않았더라면
- 꿈을 꾸고 그 꿈을 이루려고 노력했더라면
- 감정에 휘둘리지 않았더라면
- 만나고 싶은 사람을 더 만났더라면
- 기억에 남는 연애를 했더라면
- 죽도록 일하지 말걸
- 가고 싶은 곳으로 여행을 떠났더라면
- 고향을 찾아가 보았더라면

- 맛있는 음식을 많이 먹어 보았더라면
- 결혼을 했더라면
- 자식이 있었더라면
- 자식을 혼인시켰더라면
- 유산을 미리 정리해 두었더라면
- 내 장례식을 준비해 놓았더라면
- 내가 살아온 증거를 남겨 두었더라면
- 삶과 죽음의 의미를 진지하게 생각했더라면
- 건강을 소중히 여겼더라면
- 좀 더 일찍 담배를 끊었더라면
- 건강할 때 마지막 내 의견을 밝혔더라면
- 치료의 의미를 진지하게 생각했더라면

또 비슷한 내용으로 오랫동안 말기 환자를 간병해 온 호주 간호사 브로니 웨어가 쓴《죽을 때 후회하는 다섯 가지》(2012)에는 죽음을 앞둔 사람(남성)들에게 다섯 가지 공통된 후회가 있었다고 한다. 그 내용을 옮겨 보면 다음과 같다.

첫째, 남들이 나에게 기대하는 인생이 아닌 나 자신에게 솔직한 인생을 살지 못했다는 것이다. 즉 "다른 사람이 아닌 나 자신이 원하는 삶을 살았더라면(I wish I'd had the courage to live a life)" 하는 것이다. 삶이 끝나갈 무렵에야 뒤를 돌아보며 자신의 꿈을 절반도 이행하지 못했음을 한탄한다. 남의 시선을 의식하느라 실현하지 못했다는 것이다.

둘째, "그렇게 힘들게 일할 필요가 있었을까(I wish I hadn't worked so hard)" 하고 후회하고 있다. 일에 빠져 살다보니 미래를 잃어버렸다는 것, 자식들의 어린 시절, 배우자와의 우애를 잃고 말았다는 것이다. 직장생활이라는 쳇바퀴에 많은 삶을 소비한 것이 안타깝다고 한다.

셋째, "나 자신이 기분 내키는 대로 내 감정을 표현할 용기가 없었다 (I wish I'd had the courage to express my feelings)"는 것이다. 다른 사람들과 평화를 유지하기 위해 자신의 감정을 억제하며 속앓이를 많이 했다는 것이다.

넷째, "친구들과 자주 만나지 못한 것을 못내 아쉬워한다(I wish I had stayed in touch with my friends)"는 것이다. 자기만의 삶에 갇혀 황금 같은 우정을 잃어버렸다며 후회한다. 다가오는 죽음을 맞이하면서 뒤늦게 친구의 소중함을 깨닫지만 그때는 이미 친구의 행방을 찾을 수 없었다는 사실에 절망한다.

다섯째, "자기 자신을 좀 더 행복하게 만들지 못했다(I wish I had let myself be happier)"는 것이다. 자신이 어떻게 살아가야 할 것을 마지막 순간까지 몰랐다는 뜻이다. 변화에 대한 두려움에 자기 자신에게조차 만족하고 있는 척했다고 한다. 낡은 양식과 습관에 갇혀 이른바 익숙함이라는 편안함에 빠져 개인적 행복을 잃어버렸다면서 아쉬워한다.

"인생이 눈 깜짝할 사이에 지나가 버린 것을 나는 너무 헛되게 살았구나."

물론 어려운 일이지만 결국 '무행동 후회(inaction regret)'가 '행동 후회(action regret)'보다 나중까지 더 오래 후회한다. 앞으로 후회하지 않으려면 실패할까 염려돼도, 행동하기 어려워도 용기를 내서 과감하게 하고 싶은 일을 시도하는 것이 정답이 아닐까? 내가 하고 싶은 일을 하다가 실패해도 당장은 후회하겠지만 마지막으로 죽음을 기다릴 때는 오히려 실패했어도 후회나 회한이 적다는 말이다. 사람들은 시간이 지날수록 자기가 한 일보다 하지 못한 일을 뒤늦게 후회한다고 하지 않는가. 먼 훗날 "~때문에 못했다 혹은 ~때문에 어려웠다"는 후회가 아니라 "~에도 불구하고 내가 해야 한다"는 정신적 의지가 필요하다.

■ 죽음을 자신있게 받아들일 수 있을까

죽음에 대항하고 죽음을 넘어서려는 인류의 노력은 계속되었지만 죽음과 싸워 이길 방법은 없다. 죽음은 불가피하게 각자의 운명을 해체한다. 죽음은 주체로서의 개인의 완성으로 보는 것이 철학적 사유다. 생물학적 차원을 넘어 죽음과 영원한 생명의 만남이 곧 사생관이다. 그중에서도 죽음 이후의 영생을 추구하는 것은 자연스런 인간의 욕구다. 죽음은 우리 자신을 구원하는 마지막 길이다.

사람이 죽으면 기독교에서는 소천(召天)이라 해서 하느님께서 부르시니 아버지 집으로 돌아간다는 의미(창 28:21)가 있고, 천주교에서는 선종(善終)이라 해서 대죄(大罪) 없이 숨을 거뒀다는 것이고(욥 29:18), 불교에서는 입적(入寂) 혹은 적멸(寂滅)이라 해서 일체의 번뇌에서 벗어나

완벽한 깨달음의 경지로 들어갔다는 의미를 담고 있다. 그리고 종교적 입장에서 천당 혹은 니르바나(nirvana, 열반)에 들었다고 한다.

모두 이렇게 영혼불멸을 소원한다. 고대 이집트의 미라에는 사자 (死者)의 영혼이 머문다고 한다. 토리스 데스(Tories death)라는 미라의 관에는 정의의 여신이 양판 저울에 자신의 깃털과 죽은 자의 심장을 올려놓고 무게를 재는 그림이 그려져 있다. 영생을 얻을 수 있는지 없는지를 결정하는 중대한 관문이다.

우리 몸이 생물권에 속하지만 많은 철학자, 신학자, 종교인들은 불멸하는 제2의 영혼을 가졌다고 믿었다. 영혼은 불멸하지 않는 존재로 생각되기 때문에 죽음이 바로 삶의 끝이라고 생각하지 않았다.

따라서 죽음을 단지 생물학적으로만 볼 것이 아니라 일상생활의 수행능력, 삶의 질, 감정적 안녕감, 그리고 죽음의 질, 영성 등을 고려한 다차원적으로 접근하는 것이 필요하다. 특히 죽음의 준비, 죽어감에 있어서 영혼의 안정이 중요하다는 점을 인정한다. 여기서 개인적인 영적 생활이란 순전히 일상생활 속에서 겪는 두려움, 고통과 긴장의 순간을 해소하는 영적 성장과 평안 등을 포함하는 개념이다. 미국의 사회역사학자 줄리아 아산테(Assante, 2012)는 "죽음에 대한 두려움이 사라질 때 세상은 놀랍도록 아름답고 행복한 삶의 현장이 된다"고 했다.

그러면 죽음에 대비해 어떻게 자신있게 살아갈 수 있을까.

첫째, 자기 인식의 문제로 죽음 이후의 영혼의 문제를 깨닫는 삶이다. 소크라테스의 철학은 자기 영혼을 돌보는 일이 최우선 과제였다.

죽음의 철학을 한다는 것은 우리가 어떻게 살고 죽을 것인가에 대한 성찰이요 영혼의 본성을 살피는 일이다.

둘째, 존재들의 연합(united of being)인 육체와 욕망, 지식 탐구를 하나의 삶으로 엮어 가는 일이다. 인간이 존재한다는 것은 생명의 유한성을 느끼는, 즉 한계상황에 부딪치면서 그 과정에서 고통과 상실, 질병과 죽음의 과정에서 자신의 삶을 만들어가는 것을 의미하기 때문이다.

셋째, 신체적으로 건강하게 살다가 죽는 좋은 죽음(well dying)을 추구한다. 질병은 생의 의욕을 꺾고 삶의 질을 저하시킨다. 질병은 주위에 널려 있다. 예를 들어 국내 노인 4명 중 1명이 치매 위험이 높다고 한다. 2050년에는 전 세계 치매환자수가 1억 명이 넘을 것으로 예상되어 '치매쓰나미'를 맞을 수 있다. 세계적으로 4억5,000만 명이 신경정신성 증상과 신경퇴행성 질환으로 고통받고 있다. 여기에서 당신도 예외가 될 수 없는 일이다.

무슨 말인가. 죽음은 당신에게 있어서 이제까지 일어난 사건들 중 가장 최악의 사건이다. 흔한 말로 '잘 죽자'는 얘기는 어떻게 잘 죽을 것인가 하는 문제다. 아무리 잘 먹고 잘 살았다 해도 좋은 죽음이 돼야 성공한 삶이라고 할 수 있다. 사람은 때때로 죽고 싶을 때가 있고 살고 싶을 때가 있고, 좌절과 욕망 속에서 살아갈지라도 하늘과 땅과 이웃들과 연합하여 살아가는 것이다.

필립 로스(Philip Roth)의 《죽어가는 짐승》(2015)에서 70대 노교수의 격정적 사유를 읽을 수 있다. 주인공 케페시에게 시들어가는 육체, 사그라지지 않는 갈망, 시간을 거스르는 욕망은 줄지 않는다. 영화가 그렇듯이 남녀노소를 막론하고 적극적인 취미생활 하기, 긍정적인 삶을 만들어가는 일, 작은 이야기를 만들어가는 일, 가족과 함께 더 많은 시간을 보내는 일, 즐거운 여행을 하는 일, 감사한 생활을 만들어가는 일, 가족과 이웃에 대한 사랑과 배려, 친구들과 자주 식사를 나누는 일, 책 읽기 등 즐거운 일거리를 만들어갈 때 더 좋은 삶으로 만들어갈 수 있을 것이다. 그렇게 살아가는 것이 우리 삶의 존재 이유다.

물론 삶이란 본질적으로 불완전한 것이어서 '완벽함'은 죽은 뒤에나 가능하다. 그러나 죽음을 가볍게 보거나 무시하는 것은 삶의 의미를 잃는 일이다. 내 몸을 통해서 내 영혼을 살피는 것, 그래서 연속되는 생을 위해 영혼의 타락과 싸워야 하는 것, 이것이 인간 실존의 과제요 죽음에 대비해 자신있게 살아가는 방법이다. "죽음을 그르치면 삶도 헛살았고 잘못 산 것"이다. 진정성 있게 살고 죽을 때 신은 그 영혼을 담을 그릇을 내미는 법이다.

참고자료

오츠 슈이치(2011), 《죽을 때 후회하는 스물다섯 가지》, 황소연(역), 서을 : 21세기북스
필립 로스(Philip Roath, 2015), 《죽어가는 짐승》, 서울 : 문학동네
Assante, Julia(2012), The Last Frontier : Exploring the Afterlife and Transforming Our Fear of Death, California: New World Library.
Bronnie, Ware.(2012), The Top Five Regrets of the Dying : A Life Transformed by the Dearly Departing, Australia : Hay House.
Erikson, E. H.(1963), Childhood and Society, 2nd, rev, New York : Norton.
Schumacher, E. F.(1999), Small is Beautiful: Economics as if People Mattered, Vancouver : Hartley & Marks Pub.

3장
삶과 죽음의 인문학

유령 미사 만인을 위한 제단화 베른 1505년

불가항력적인 미지의 실체가 바로 죽음이다.

마지막 임종 상태는 죽음으로 플러그 인(plug in) 하는 상태다.

'죽음의 현상' 뿐만 아니라 '죽음의 의미'에서 보면

안개 같은 삶 속에서 안개같이 사라지는 우리(나의) 생명이다.

주어진 삶의 비극성, 그리고 그것을 극복하기 위해 겪었던

고통의 날도 없어지는 순간이다. 생명은 하늘로부터 잠시 빌려온 것인가,

죽음은 신비의 돌담 끝에서 늘 서성거린다.

인간이 늙으면 대개 이성이 희미해지고 대신 동물 같은 본성만 남는다. 동물은 자신의 생존에만 관심을 갖는다. 사람도 마찬가지여서 늙어서 임종이 가까워지면 알 수 없는 본능만이 남는다. 생존방식과 생의 본능에서 헤맨다. 우리는 죽음을 체험하지 못하지만 죽음의 미로에서 방황하며 본능에 내맡긴다. 본능은 복잡한 것이어서 한마디로 '이것이다'라고 규정하기 어렵듯이 죽음도 대놓고 말하기가 불편하다.

사실상 죽음보다 더한 보편적인 주제를 상상하기 어렵지만 이 세상에서 죽음만큼 확실한 것은 없다. 한평생 통찰과 깨달음의 대상이다. 특히 죽음(die)과 죽어감(dying)에 대한 관심은 누구나 빼놓을 수 없는 성찰의 과제다. 현자들은 죽음을 준비하기 위해서 살아 있는 동안 끊임없는 수행을 요구한다. 죽음이라는 예정된 시간은 미래에 일어날 사건이 아니라 지금 현재 삶의 형태에 따라 결정된다는 사실에서 죽음의 인문학은 이에 답해야 하는 것이다.

1. 죽음의 단계와 수용과정

죽음을 수용하는 태도에서 사람들은 대부분 두려워한다는 것이 일반적 반응이다. 죽음은 기대의 상실, 그러므로 허무와 절망의 감정을 낳게 마련이다. 그러나 죽음의 상황을 미리 예상해 고통스러워하는 것 또한 헛된 일이다. 우리가 존재하는 한 죽음은 우리와 함께 있지 않고 죽으면 이미 우리는 존재하지 않기 때문이다. 그러면서도 "아름다운 봄날 봄옷으로 갈아입고 벚꽃놀이 가는 것처럼 죽을 수 없을까" 하고 양가감정을 불러일으킨다. 죽음은 혼란스럽고 상실이고 충동적이다.

사람들이 "죽음아, 너는 어떻게 오는 거니?" 하고 묻지만, 죽어가는 모습은 다양하고 예고 없이 온다는 것이 답이다. 병고에 시달리다가 마지막 임종 단계에서 맞는 육체적 · 정신적 고통과 허무감, 그 속에 문득 찾아왔다가 사라지는 옛 추억의 환영들, 삶에 대한 욕망을 보이다가 다시 무기력감에 빠져드는 모습, 체념과 눈물 끝에 비로소 찾아오는 평안한 얼굴, 죽음은 이렇게 찾아오는 것이다. 죽음은 삶의 반대가 아니라 삶의 한 부분으로 늘 우리 옆에 있다.

그런가 하면 노년기에는 나보다 먼저 세상을 떠나는 친구들을 보며 착잡한 생각도 든다. 그중에서도 오랜 친구의 죽음은 큰 충격을 받는다. 필자 역시 얼마 전 친구의 죽음을 목도하면서 눈물을 흘린 적이 있다.

"한평생 처자식 먹여 살리며 그리 속을 태우더니, 이제 걱정 다 내려놓고 가라" 하고 빌었다. 우리는 매일 죽음을 만나며 영원한 이별을 하는 것이다.

이러한 죽음에 대해서 미국의 정신의학자 엘리자베스 퀴블러 로스(Kbler-Ross, 1969)는 《죽음과 죽어감》이라는 책에서 죽음의 과정을 이렇게 설명했다. 즉 죽음을 앞둔 사람의 심리를 5단계(DABDA)로 소개했다. 그것은 ① 내게 그런 일이 일어날 리가 없다는 부정과 고립(daniel) 단계, ② 어찌해서 나에게 이런 일이 생겼나 하는 분노(anger) 단계, ③ 어떻게든 자식 결혼식날까지 살 수만 있다면 하는 타협과 거래(bargaining) 단계, ④ 사태를 직시하며 우울해하는 억울증(depression) 단계, ⑤ 모든 것을 받아들이는 수용(acceptance) 단계로 진행된다고 한다. 그녀는 "진정한 나는 누구인가, 어디서 와서 어디로 가는 존재인가 하는 질문을 평생 놓지 않고 살았다"며 한평생 죽음에 대해 고민했다.

비슷한 맥락에서 누구나 품위 있는 죽음을 원하는데, 토빈(Tobin and Karen, 2003)은 평화로운 죽음(peaceful dying)에 대해 말했다. 즉 질병의 인식단계-질병 및 죽음에 대한 두려움-죽음의 속도가 느려지기를 바라는 시간과의 싸움-긍정적으로 받아들이기-의사와 상의하기-가족에게 말하기-현실 수용과 주변 정리하기-마음의 평화, 사랑의 수용-영적 평안-좋은 죽음으로 이어지는 죽음의 과정을 말했다.

그렇게 사람이 죽어가면서 보이는 '죽음 현상'은 복잡하지만 신체적으로는 몰리큘라 죽음(molecular death), 세포 사멸(cell death), 장기 손실(organ death)로 인해 죽음을 맞는다. 이런 죽음에는 신체 노쇠에 의한 자연사, 뇌사, 안락사(존엄사), 병사 등 다양한 죽음으로 나타난다. 그리고 이에 따른 사망 선언은 의학적으로 판정하게 되는데 주로 맥박, 동공, 심장(심전도검사)의 완전한 정지상태가 삶과 죽음의 기준이다.(Deeken, 1986)

이와 같이 불가항력적인 미지의 실체가 바로 죽음이다. 마지막 임종 상태는 죽음으로 플러그 인(plug in) 하는 상태다. '죽음의 현상' 뿐만 아니라 '죽음의 의미'에서 보면 안개 같은 삶 속에서 안개같이 사라지는 우리(나의) 생명이다. 주어진 삶의 비극성, 그리고 그것을 극복하기 위해 겪었던 고통의 날도 없어지는 순간이다. 생명은 하늘로부터 잠시 빌려온 것인가, 죽음은 신비의 돌담 끝에서 늘 서성거린다.

참고자료

Deeken, Alfons.(1986), Growing Old and How to Cope with It, Tokyo : Ignatius Print.
K bler-Ross, Elisabeth.(1969) One Death and Dying, New York : Simon&Schuster.
Tobin, Daniel R., Karen Lindsey.(2003), Peaceful Dying : The Step-by-Step Guide to Preserving Your Dignity, Your Choice, and Your Inner Peace at the End of Life, Cambridge : Da Capo Press.

2. 사람은 몇 살 즈음에 많이 죽을까

사람마다 죽어가는 형태가 좀 다르지만 대개 죽음의 종류로 육체적 죽음, 뇌사상태(심리적 죽음), 사회적 죽음으로 나눠 설명한다. 육체적 죽음은 심각한 질병 혹은 사고로 심장 기능이 영구적으로 정지된 상태다. 뇌사상태란 육체적 기능에는 이상이 없지만 뇌 손상으로 인해 치매, 알츠하이머 등을 앓으면서 정상적인 생활을 할 수 없는 상태다. 그리고 사회적 죽음은 자살, 대형사건, 전쟁 등으로 인한 죽음이다.

내가 살아 있는 것을 증명하는 '숨'은 언제 시작되어 어디서 끝날까. 예부터 '인명은 재천'이라고 했으니 장담은 못하겠지만 죽음은 나이와 관계없이 찾아온다. 다만 70대 이후 노년 후기에 많이 사망한다. 우리 가족의 경우도 수명기간이 많이 차이가 난다. 내가 19세 때 아버지는 43세 젊은 나이에 간경화증으로 세상을 떠났다. 반면에 어머니는 97세까지 천수를 다하고 세상을 떠났다. 이렇게 부부일지라도 수명은 큰 차이가 난다. 태어나자마자 강보에 싸여 죽어가는 인생이 있는데, 90세 이후까지 살아가는 사람들은 특별히 축복을 받은 사람이 아닐 수 없다.

우리나라에서는 일 년 동안에 26만6,257명이 각종 질병 및 사고로 죽는다. 하루로 계산하면 매일 730명 정도가 죽는 셈이다. 통계청이 발표한 2013년도 사망원인 통계자료를 보면 이 중 88%가 각종 암(7만5,334명),

뇌혈관질환(2만5,447명), 심장질환(2만5,367명) 등의 질병 사망이고, 나머지 12%는 운전사고, 추락사고, 익사사고, 화재사고, 중독사고, 자살, 타살 등이 사망 원인으로 조사되었다. 기타 메르스 감염, 신종인플루엔자(H1N1), 일본뇌염, 독감 등으로 인해 사망하는 경우도 있다.

그럼 사람들은 몇 살 즈음에 많이 죽을까. 미국의 경우 2000년 초 조기 사망자를 뺀 정상적 죽음을 맞이하는 사람들의 평균 나이는 85세였다. 미국 사람들 95%가 77세부터 93세에 이르러 죽어가는 종 모양의 분포도(bell-shaped survival curve)를 나타낸다.

극단적으로 보면 누구나 죽음을 피할 수 없다. 흔한 말로 9988(99세까지 팔팔하게)하게 살아간다고 해도 대부분 평균 75~90까지 살아갈 것이라는 인식을 갖고 있다. 그러나 평균수명 연장으로 90세 이상 또는 100세 이상 사는 것은 축복이 아니라는 응답이 43.3%로 나타났다. 90세 이상 살고 싶다는 답은 16%뿐이다. 희망하는 수명에 대해서 59.3%가 80~90세라고 답했다.(한국보건사회연구원, 2011년 6월, "인생 100세 시대 대응 국민의식 조사결과")

80~90세를 살아간다면 죽음의 계곡에 들어섰다는 기분도 들 것이지만 100세 노인이 점차 늘어나고 있다. 호모 헌드레드(homo hundred) 시대는 100세인을 일컫는 말이다. 다른 표현으로 센터내리언(centenarian)이라는 말도 쓴다. 또한 미국에서는 110세 이상 살아가는 사람을 슈퍼 센터내리언(supercentenarian)이라고 하는데, 1906년 이후 탄생한 사람으로 2015년 당시 110세에 도달한 사람은 총 45명(여자 43명, 남자 2명), 2016년에는 112명으로 나타났다.(afremov.com) 미국의 분자생물학자이면서 생명

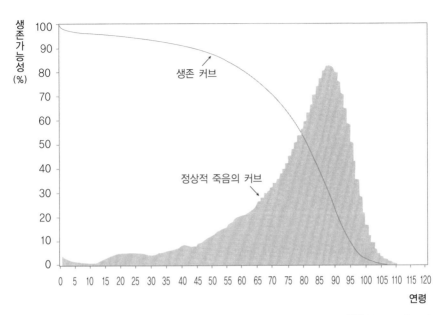

생존가능성(%)

생존 커브

정상적 죽음의 커브

연령

Based on the Intermediate Assumptions of the 2015 Trustees Report

공학기업의 빌 앤드루 박사(Bill Andrews, 2014)는 "노화는 치유할 수 있는 질병"이라며 인간이 "150세까지 살 수 있는 시대가 곧 온다"고 했다.

세계보건기구(WHO)가 경제협력개발기구(OECD) 회원국 35개국의 기대수명을 분석한 결과 한국인은 2030년 출생자 기준으로 여성 기대수명을 90.82세로 예상했다. 프랑스(88.55세), 일본(88.41세), 스페인(88.07세), 스위스(87.70세) 등이 그 뒤를 이었다. 2030년 출생한 남성의 기대수명도 한국이 84.07세로 세계 최고다. 여성이 남성보다 6~7년 더 살 수 있다. 허풍이 아닌 과학적으로 노화의 비밀이 하나둘 밝혀지면서 인간의 기대수명도 계속 늘어나고 있다.

이런 추세 속에 우리나라는 2000년도에 고령사회로 접어든 이후 2018년 현재 고령사회로 진입했다. 우리나라 평균수명도 가파르게 올라가고 있는데, 1970년 한국인의 평균수명은 남성 58.6년, 여성은 65.5년이었다. 그러나 통계청이 2017년 12월에 발표한 '2016년 생명표'에 의하면 2016년 기준 남성 79.3년, 여성은 85.4세로 나타났다. 그리고 100세인은 2017년 8월 조사를 기준으로 남자 3,938명, 여자 1만3,588명, 모두 1만 7,521명이다.

"당신의 생명이 언제 끝날지를 신에게 묻지 말라"는 현자의 말이 있다. 요즘 70대이면서 50대 못지않게 열정적으로 일하는 뉴세븐티(new seventy) 세대가 뜨고 있다. 하지만 죽음의 곡선 범주 내에서 생명을 이어가다가 사망한다. 건강한 몸으로 더 오랜 생명을 이어가기를 바라지만 현재 많은 사람이 80세 전후로 생을 마감하고 있다.

참고자료

Andrews, Bill(2014), Bill Andrews on Telomere Basic : Curring Aging, New York: Sierra Sciences.
afremov.com, List of Supercentenarians from the United States.(2018. 2. 3)

3. 좋은 죽음과 나쁜 죽음

죽음의 순간은 내 의사와 무관하게 내 삶을 빼앗아 간다. 삶과 죽음이 자연의 순리라고 하지만 육체의 죽음은 비바람에 꺾인 꽃과 같다. 토머스 홉스는 "삶은 외롭고 가난하고 더럽고 야만적이고 그리고 짧다"고 회고했다. 유물론 철학자인 아낙시만드로스(Anaximandros, BC 610~545)는 이 세상에서 영원 불멸한 것은 없다면서 '생성과 소멸'을 반복하는 세계로 묘사했다.

무슨 말인가. 살아 있다는 의미는 결국 죽어야 한다는 한계성을 지녔다는 뜻이다. 다만 누가 먼저 갈까 하는 문제만 남는다. 죽었을 때 건널 수 없는 강을 건너 처음 도착한다는 에레보스(Erebos, 저승)까지 동행해 주는 사람도 없다.

죽음에는 긍정과 부정이 동시에 작용한다. 에피쿠로스는 죽음 자체는 아무것도 아니라고 했다. 죽음은 기대감의 상실을 가져오기에 허무와 절망일 뿐이다. 죽음은 매우 폭력적으로 생명을 앗아간다. 하지만 죽음의 형식은 물리적인 해체로 끝나지만 죽음은 인간의 고통과 슬픔, 놀라움, 신비감, 초월적인 의미를 지닌다. 죽어가는 사람의 얼굴이 거룩한 시간이고 이별의 순간이다.

죽어야 하는 존재라는 사실에서 하루를 살아가는 것도 큰 선물이다.

탄생과 죽음은 자연스런 삶의 일부로 인생의 성장과정으로 이해된다. 곧 죽음조차도 인간의 성장과정인 것이다.

그래서 사람들은 모두 좋은 죽음(good death)을 원한다. 우리에게 친숙한 말로는 '고운 죽음'이다. 고운 죽음은 편한 죽음, 이쁜 죽음이다. 죽음 속에 삶이 있고 삶 속에 죽음이 있다. 고운 삶 속에 고운 죽음이 있다. 더구나 사후에는 하늘에서 평화로운 삶을 살거나 지옥에서 고통을 받는다는 내세관이 우리 삶을 지배한다. 현재 삶을 넘어서 저승 차원의 죽음을 초월하려는 영혼 불멸의 죽음관도 지니고 있다. 동시에 살아가면서 많은 고통과 절망이 계속되는, 즉 '죽음에 이르는 병'을 안고 살아가지만 이를 극복하고 자기 삶을 만들어가는 것이 우리 생명력이다. 곧 삶 자체가 자기만의 노력이요 이행이요 희망이다.

그럼 좋은 죽음(고운 죽음)이란 무엇인가. 그것은 질병 없는 건강한 생활, 빈곤 없는 경제적 여유, 통제 없는 자유, 자기가 좋아하는 일을 하다가 죽는 것으로 생각할 수 있다. 사람에 따라 좋은 죽음이 이래야 한다는 우선순위가 있겠지만 일반적으로 화목한 가정생활, 혈통 계승, 삶의 성취감 등을 이루고 죽는 것을 좋은 죽음이라고 생각할 것이다. 반대로 우리 의지와 관계없이 시들어가는 육체, 사그라지지 않는 갈망, 시간을 거스르는 욕망 속에 천년 살 것처럼 애쓰다가 병들어 죽으면 나쁜 죽음으로 여길 것이다.

"곱게 죽자. 그렇게 원하면 곱게 살자."

따라서 좋은 죽음, 나쁜 죽음에 대한 성찰은 중요하다. 죽음을 어떻게 맞이할 것인가 하는 문제는 '자연사'를 전제로 논하는 것이지만, 언제 죽을지 모르는 늙음의 길에서는 누구나 좋은 죽음을 갈망한다. 물론 표현상 좋은 죽음 혹은 나쁜 죽음이라는 의미는 반대 개념이 아니라 죽음의 질을 놓고 나누는 개념으로 사회문화적·정치적·법률적 차원에서도 매우 모호하다.(Brome, 2013) 그리고 좋은 죽음을 소원하는 환자 자신들조차도 의견이 다를 수 있다. 다만 통증 없이 존엄하게 자기 침대에서 가족들의 돌봄 속에 죽는 것을 좋은 죽음이라고 생각한다. 반면에 나쁜 죽음이란 갑작스러운 사고사, 객사, 자살 혹은 남으로부터 죽임을 당하는 형태일 것이다.

■ 좋은 죽음이란

누구나 좋은 죽음, 평화로운 죽음을 소망한다. 사람들은 폭력, 사고, 전염병 등에 의한 죽음이 아니라 가능한 천수를 다하고 죽는 '자연사'를 갈망한다. 모든 생명은 고귀하다는 측면에서 자신을 돌보면서 훌륭한 죽음을 맞기를 기원한다. 사마천이 "왜 어떤 죽음은 고귀하고 어떤 죽음은 '아홉 마리 소의 터럭 하나(九牛一毛)'만도 못할까" 하며 안타까워한 것도 우연이 아니다. 그는 "현명한 사람은 진실로 자신의 죽음을 중히 여겼다"고 했다.(김영수, 2010)

루트비히 비트겐슈타인(Wittgenstein, 2015) 역시 "훌륭한 죽음을 맞을 수 있는 그런 삶을 살아야 한다"고 했다. 현인들의 말은 한마디로 잘 죽어야 한다는 것이다. 그렇다면 우리 삶에서 배제되어 온 삶과 죽음이라는 이분법적 틀을 깨고 진지해지는 것이 죽음을 보는 우리의 진정한 자세가 아닐까.

그런데 여기서 좋은 죽음이란 '죽어가는 과정(dying)'에 초점을 맞추는 개념이다. 죽어가는 순간까지 총명하게 자아를 잃지 않고 자신을 돌보며 존엄하게 죽는 것을 의미한다.(Zimmermann, 2012)

반대로 노인으로 살아가면서 오랜 질병으로 인한 냄새, 욕창, 낙상, 신체구속 그리고 기저귀를 차고 지내다가 죽는 것은 인간으로서의 존엄성을 잃는 것이다. 또한 극단적 예로 자동차 사고 등으로 갑자기 사망했을 때 건강하고 활기찬 사회활동 등 미래의 가능성이 파괴된다는 의미에서 나쁜 죽음에 해당한다. 즉 '맞이하는 죽음이 아닌 당하는 죽음'은 나쁜 죽음이다.

비트겐슈타인은 "오로지 죽음만이 인생의 의미를 준다"고 했다. 죽음을 생각하는 삶은 인간의 유한성을 직시하며 초월적 무한성과 연관된 삶이라고 할 수 있다. 꼭 종교적이지 않더라도 인간의 죽음이 이미 영원한 삶과 연결돼 있다는 생각으로 살아가는 것이 복이다. 다시 말해 육체적 고통의 극복만이 아니라 정신적·심리적 고통, 그리고 영적인 허무함에서 해방된 죽음이 좋은 죽음이다. 요컨대 사람들은 늘 건강하게 자성하고 참회(회개)하며 잘 살고 잘 죽기를 소원하는 것이다. 산 고생보다 죽은 후 고생이 더 흉측하기 때문이다.

하지만 좋은 죽음은 죽어가는 사람들에게 결코 쉬운 일은 아니다. 다만 좋은 죽음을 맞이할 가능성 안에 있을 뿐이다.

우리는 가능한 고통 없이 죽기를 바란다. 고통이 없는 상태는 육체적·정신적·영적으로 고통이 없다는 것을 의미한다. 여기서 육체적 고통은 임종 환자에게 가능한 고통을 줄여서 편안하게 숨을 거두도록 약물(모르핀 등) 투여를 고려할 수 있다. 또 정신적 고통은 가장 가까운 사람들(가족, 친구, 의료진)에 둘러싸여 고립감 없이 평화롭게 죽어가도록 하는 일이다. 그리고 영적 고통은 임종 때 신에게 잘 인도되도록 성직자들과 함께 임종을 맞이하도록 돕는 것을 말한다.

미국인들은 대인관계에 있어서 어떤 갈등도 없이 죽는 것을 좋은 죽음이라고 생각한다. 즉 정신적·사회적 관계의 모순을 모두 해결하고 죽는 것이다. 미국의 완화요법 의사인 아이라 바이옥(Ira Byock, 2014)은 자신의 저서에서 생의 끝에서 가장 중요한 기본 메시지는 "나를 용서해 주세요, 당신을 용서해요, 고맙습니다, 사랑해요"라는 네 가지 말이라고 했다.

그럼 우리나라 사람들은 좋은 죽음의 조건을 무엇으로 보고 있을까. 국내 임종 직전의 암환자들은 신체적·정신적·영적 편안함보다 가족에게 부담을 주지 않는 것을 좋은 죽음의 첫 번째 조건으로 꼽았다. 서울대 의대 윤영호 교수 팀에 따르면 국내에서 암환자와 그 가족을 대상으로 '좋은 죽음'에 대해 설문 조사한 결과 참여 환자 1,001명 가운데 27.7%가 가족이나 다른 사람에게 부담을 주지 않는 죽음을 선호했다. 이어 가족 등 소중한 사람과 같이하기(24.5%), 주변 정리를 잘 마무리하기(18.8%), 통증으로부터 해방된 상태(11.9%) 순이었다.(dongA.com, 2018년 10월 11일)

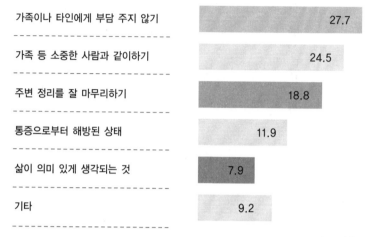

임종을 앞둔 환자들이 꼽은 '좋은 죽음'의 첫 번째 조건 (단위 : %)

조건	%
가족이나 타인에게 부담 주지 않기	27.7
가족 등 소중한 사람과 같이하기	24.5
주변 정리를 잘 마무리하기	18.8
통증으로부터 해방된 상태	11.9
삶이 의미 있게 생각되는 것	7.9
기타	9.2

자료 : 서울대병원

이와 관련해 인류사에서 '좋은 죽음'으로 여겨지는 사례가 많지만 몇 가지만 찾아보자.

첫째, 야곱의 '기억되는 죽음(remembered death)'이 있다. 야곱은 성경에 나오는 위대한 족장으로 천수를 다하고 자연스럽게 발을 침상에 모으고 숨을 거뒀다. 야곱은 열두 아들을 축복하고 죽는다.(창 49:28~33) 죽으면서 아들에게 아브라함과 그의 아내가 묻힌 곳에 장사지내라고 한다. 자신을 이집트가 아닌 조상이 묻힌 가나안의 막벨라 밭에 있는 굴에 장사지내도록 당부했다.

요셉과 형제들은 아버지를 위해 7일 동안 애통해하며 장사지냈고,

애굽 사람들까지도 70일 동안 그를 위해 울었다. 야곱은 죽음을 앞두고 요동하지 않고 침착하게 147세에 경건하게 죽는다. 존재론적 자신의 한계를 깨닫고 노인답게 정면으로 죽음을 맞이하는 모습을 보여 주었다. 시간 속에 귀결되는 죽음이지만 단순한 종말이 아닌 신과 만나는 죽음, 죽음 속에 깃들어 있는 초월성, 그리고 유한한 삶이지만 자식들을 통해 자신의 유한성을 극복해 가는 모습이다.

둘째, 명예로운 죽음으로 소크라테스의 '조용한 죽음(tranquil death)'을 예로 들 수 있다. 그리스 철학자 소크라테스는 신을 부정하고 젊은 이들을 타락시켰다는 이유로 아테네 정부로부터 재판에 회부되어 자기 사상을 포기할 것인가 아니면 독약을 받고 죽을 것인가의 기로에 놓였다. 그는 단호했다. 영원 불멸을 믿으며 그는 죽음을 택했다. 그는 죽음을 육체로부터 영혼이 해방되는 것으로 믿었다. 유죄를 인정하거나 사과하지 않고, 죽음을 피하지 않고, 도망가지 않고, 자신의 바람직한 이상을 실현하고 죽음을 택했다. 종교적 초월성을 체험하고 자기만의 믿음으로 자신의 유한성을 극복하고 진정한 인간성을 보여 주었다. 현재 자체가 영원으로 이어지는 평화로운 죽음을 맞이했던 것이다. 소크라테스는 "죽음은 인간만이 받을 수 있는 축복 중 최고의 축복이다"라고 했다.

셋째, 그리스도의 '구속적 죽음(redeemed death)'이 있다. 예수는 로마 당국의 재판에 넘겨져 가장 고통스러운 십자가형을 받고 죽는다. 예수는 로마제국과 종교 권력에 의해 위험인물로 지목돼 십자가형을 언도받고 겟세마네 동산에서 십자가에 매달려 죽는다. 예수는 희생, 순종의 행위로 죽는다. 조롱하는 자, 죄를 용서하기 위한 속죄제물의 죽음이다. 성경의 메시지가 예수의 죽음과 부활을 말하지만 뮤지컬 〈지저스 크라이스트〉에서 그 장면을 다시 보라. 종교인 비종교인 가릴 것 없이 감당할 수 없는 고통과 고뇌하는 지저스(예수)의 대속적 죽음을 느낄 수 있다. 예수의 고통과 죽음은 신학적으로 인류 구원을 위한 속죄물이 되는 죽음이었다.

넷째, '이타적 죽음(altruistic death)'이 있다. 가까운 예로 찰스 디킨스(Charles Dickens, 1812~1870)의 고전작품 《두 도시 이야기》(1859)에서 보자. 작품 내용은 프랑스혁명 당시 런던과 파리를 오가며 펼쳐지는 숭고한 사랑 이야기다. 주인공 시드니 카턴은 아름다운 루시 마네트를 처음 만나 사랑을 느끼며 삶의 의미를 찾는다. 그러나 루시가 다른 남자 찰스 다네이와 결혼하자 시드니 카턴은 사랑하는 루시를 위해 자기가 할 수 있는 모든 것을 다하겠다고 선언한다. 두 사람의 결혼을 시기하기보다는 오히려 그의 행복을 빌어 준다.

그런데 정치혁명 와중에 루시와 남편 찰스가 사형을 당할 위기에 놓인다. 이때 시드니 카턴은 잘됐다는 생각보다 죽음에 직면한 그들을 적극 돕는다. 루시의 행복을 위해 찰스 다네이를 대신해 기꺼이 죽는다. 죽음으로써 사랑을 지킨 것이다. 시드니의 희생으로 루시는 남편을 되찾고 잘 살아간다. 사랑이란 사랑하는 사람이 가장 행복하도록 만들어 주는 모습을 보여 준다. 죽음으로써 영원히 사랑하는 여인의 가슴에 살아 있는 존재가 된 시드니다. 이타적인 사랑이야말로 이 세상을 구원하는 유일한 대안임을 제시한다.

좋은 죽음, 훌륭한 죽음은 이외에도 많다. 고대 그리스 작가 호메로스의 서사시 〈오디세이〉에서 오디세우스는 전쟁이 끝나고 집에 돌아와서 아내(페넬로퍼)를 유혹하며 괴롭혔던 당시 귀족들을 모두 죽인다. 이때 오디세우스에게는 상대방의 죽음이 승리의 기쁨인 셈이다. 플라톤은 죽음이 행복하다고 했다. 에피쿠로스는 자신이 죽음으로 행복한 사람이 되었다고 했다. 키케로는 안토니우스에 의해 죽임을 당하면서도 "더 이상 고통받지 않게 되었다"며 자기 머리를 내주었다. 모두 죽음을 긍정적으로 받아들인 것이다.

■ 좋은 죽음의 실제

우리는 큰 고통 없이 집에서 편안하게 죽는 것을 원한다. 예를 들어 서대문구 신촌에 사는 박정원(가명, 63) 씨는 몸에 이상을 느껴 병원에 갔다가 췌장암 3기 진단을 받았다. 췌장암은 85% 이상이 몇 개월 이내 죽을 수 있는 치명적인 병이다. 그는 병원 치료를 포기하고 집으로 돌아가 가족과 함께 보냈다. 어떤 수술도 방사선 치료도 받지 않았다. 그리고 5개월 후 세상을 떠났다. 수술비 등 지출도 없었다. 고통 속에 혼자 죽어가는 길을 택했던 것이다. 쓸데없는 치료보다 품위 있게 가족들 사랑 속에 숨을 거두었다.

이 같은 죽음은 생물학적·의학적 진단을 그대로 받아들인 경우다. 죽음을 미루기보다는 남아 있는 삶을 자기 의지대로 살다가 죽는 것이다. 물론 이것이 행복한 죽음은 아니다. 더구나 죽음은 신체적 이동성과 독립성은 물론 사회적으로 활력을 잃는 것이다. 죽는 것은 가진 것을 다 빼앗기는 상태다. 애플 창업자 스티브 잡스(1955~2011)는 죽음 앞에 "내가 그동안 자랑스럽게 여겼던 주위의 갈채와 막대한 부는 다가온 죽음 앞에서 그 빛을 잃었고 그 의미도 다 상실했다"고 말했다.

하지만 실제로 우리가 원하는 자연적 퇴화의 영향을 받지 않는 건강한 삶을 누리기란 쉽지 않다. 누구나 할 것 없이 나이를 먹어감에 따라 어떻게 죽을 것인가 하는 물음은 계속될 수밖에 없다. 자연스러운 죽음일지라도 엄청난 심리적·정서적 두려움 없이 성숙한 죽음을 맞이하는 것이 쉽지 않다는 얘기다. 그러나 문제는 70~80세가 되었다면 매일 죽음과 죽어감에 대해 자주 생각하게 되는 것, 그러나 임종과 죽음을 맞대면하는 데는 상당한 어려움이 있다.

이런 배경 아래 '나의 죽음'을 준비한다는 의미에서 '좋은 죽음'을 만들어가는 몇 가지 예를 우리 생활 속에서 찾아보자.

첫째, 길게 아프지 않고 고통 없이 가족들 곁에서 자연스럽게 숨을 거두는 죽음이다. 집에서 가족들의 보살핌을 받다가 죽는 것이 좋은 죽음이다. 죽음으로 가는 길이 두렵고 외롭지만 따뜻한 위로를 받으며 죽음을 맞이하는 것이다. 가정에서 평화로운 죽음, 수용하는 죽음, 천수를 다한 죽음을 맞을 때 평화와 온정을 느끼게 될 것이다.

둘째, 나이와 관계없이 건강한 노년을 보내다가 건강하게 죽는 것이다. 물론 안정적으로 건강하게 생활하는 사람들도 갑자기 암과 같은 질병을 발견하게 되는 경우가 있다. 이를 피하기 위해서는 평소에 적당한

운동과 영양섭취, 건강검진 등을 통해 건강을 최대한 유지하다가 고통 없이 죽어가는 것이다.

셋째, 가족과 이웃들에게 좋은 기억으로 남는 죽음이다. 우리는 물리적으로 어떤 것을 남기지 않고 떠나지만 많은 기억을 남기고 죽는다. 사회적 차원에서 죽은 자와 산 자의 관계는 사람들 기억 속에 남아 있다. 자기 가치를 인정하고 용서와 관용, 사랑으로 작별인사를 하고 죽는 것도 큰 기억으로 남을 수 있다. 내가 죽으면 가족과 이웃들은 "열심히 살았어" 하며 기릴 것이다. 좋은 죽음으로 세상을 떠날 때 고인에 대한 약력, 일상의 기억과 추억을 기리게 된다.

넷째, 수많은 질병은 물론 치매, 알츠하이머병을 피하는 '품위 있는 죽음'이다. 현재 85세 이상 노인들의 46%가 알츠하이머병을 앓고 있다. 3명 중 1명이 치매로 고생하고 있으니 장담할 수 없는 일이다. 치매는 경제적 손실, 믿음의 손실, 희망의 손실, 신뢰의 상실, 사회적 손실을 겪는다. 치매는 온 집안을 황폐화시키기도 한다.

다섯째, 갑작스런 사고, 심장마비 등을 대비한 임종 없는 죽음을 피하는 일이다. 이른바 '덜컥 죽음'을 대비하는 일이다. 예를 들어 갑작스런 사고를 대비해 의료기관 및 전담 의사를 정해 놓거나 가능한 빨리 병원에 도착할 수 있도록 준비하는 것이다. 밖에 나갔다가 쓰러져 병원에 실려와 죽는 '객사'를 피하자는 말이다. 좋은 죽음에 관계없이 갑작스런 사고, 심장마비, 뇌졸중으로 임종 없이 죽지 않도록 늘 대비해야 한다.

여섯째, 개인의 존엄성과 자유의지에 따른 죽음이다. 사람은 누구에게나 존엄이 내재돼 있고 이것은 누구도 빼앗을 수 없는 권리다. 불치병 진단을 받았어도 요즘에는 수명연장 의료기술에 의존하지 않고 자기 생명의 선택권을 인정하는 추세다. 의사들 역시 가족들의 의견을 물어 심폐소생술 등을 포기하는 이른바 '관리되는 죽음'으로 유도할 수 있다. 즉 나쁜 죽음을 피해야 한다. 나쁜 죽음은 도저히 회복될 수 없는 환자에 대한 수술, 불필요한 투약, 약에 의한 안락사를 당하는 것이다. 약물 부작용, 메스꺼움, 구토 등의 고통 속에 죽어가는 것이 나쁜 죽음이다.

일곱째, 정신이 맑을 때 유언장 써놓기, 사전연명의료의향서 작성, 유산 분배, 장례계획, 장기기증 여부 등을 명확히 해 놓는 것이다. 유언의 표시는 구두 유언, 공정성 유언(2명 이상 증인과 변호사 공증 필요), 자필 증서 유언(내용 전문, 작성 연월일, 주소, 성명 날인 등)으로 하고, 유언 내용은 임종 방식에서 생명보조장치 사용 여부(사전연명의료의향서 작성), 장기기증 등을 표시하며, 장례식은 장지, 규모, 시신처리방법(매장/화장)을 당부하고, 금융자산 정보는 신용카드, 연금증서, 부동산 권리 등을 표시한다. 마지막으로 유산 분배는 배우자와 자녀에 대한 분배 방식 혹은 사회 환원 여부 등을 명확하게 해 놓는다.

여덟째, 종교적으로 구천을 떠도는 죽음이 아니라 천당 극락에 안착하는 믿음이 확고한 죽음이다. 이를 위해서는 종교에 귀의하는 것도 필요하다. 비극적인 죽음으로 이승과 저승을 떠도는 죽음이 아니라 신의 인도를 받는 죽음이다. 종교는 죽음의 불안감을 극복하고 영원한 천국(극락)으로의 안내를 임무로 한다. 죽음의 공포에서 벗어나 '다음 영생'의 믿음을 갖고 죽는 것이다. 영국의 철학자 스티븐 케이브(Cave, 2012)

는 영원, 영생, 불멸의 꿈을 강조한다. 제일 중요한 것은 영혼으로 살아남기다. 영혼을 믿는 사람들은 세속적인 삶을 포기하고 영적인 차원의 미래를 기대하게 마련이다.

그런데 최근 들어 좋은 죽음이라는 의미가 약간 변하는 듯하다. 21세기 장수사회에서 좋은 죽음이란 무의미한 연명치료를 중단하는 등 환자 자신의 생명선택권 보장을 중시하는 쪽으로 변하고 있다. 삶과 죽음 사이에서 의학기술, 약물에 의한 무한정 생명의 지속상태, 혹은 식물인간 상태에서 죽는 것은 불행한 죽음이라는 뜻이다. 그리고 각종 사건사고, 전염병으로 인한 죽음을 피하는 것이 좋은 죽음이다. 평균수명이 길어지는 현실에서 외롭게 무기력하게 당하는 홀로사망, 자살 등이 나쁜 죽음이다.

■ 나쁜 죽음이란

구체적으로 우리는 죽음이 왜 나쁘다고 생각할까? 어떻게 죽는 것이 나쁜 죽음인가. 젊어서 죽는 것은 나쁜 죽음인가. 다른 사람보다 더 오래 살다가 죽으면 운이 좋은 사람인가. 갑자기 사망하거나 일찍 죽은 아이들의 죽음은 나쁜 죽음이고 노년기에 수명을 다하고 죽는 것은 다 좋은 죽음인가. 혹은 아침에 아내가 남편의 침실을 열었을 때 남편이 죽었다면 그것은 어떤 죽음인가. 생각하기 나름이지만 좋은 죽음은 아닐 것이다. 이러한 죽음에 대한 생각은 노년기에 우리 몸, 마음, 죽음, 심지어 영혼 자체에 대해 부정적이거나 긍정적인 영향을 미치게 된다.

내가 확실히 아는 것이 하나 있다면 그것은 내가 죽는다는 사실이다. 죽음이란 현실세계로부터 없어지는 것이고, 다른 방으로 들어가 잠자는 것이나 다름없다는 위로의 말도 있다. 하지만 끝없는 논란의 대상으로 실체가 없는 비존재 상태가 죽음이다. 내가 그렇고 당신이 그렇게 비존재 상태로 죽는다.

실제로 우리 삶과 죽음을 단순히 정량화하는 것은 불가능하다. (Brown, 2007) 그럼에도 많은 사람들은 존재론적 죽음을 받아들이지 못하거나 세상 떠나는 것을 단순히 나쁜 죽음으로 생각한다. 그 이유는 죽음으로 인해 '아무것도 더 할 수 없다'고 생각하기 때문이다. 인간이 다양한 모습으로 존재하듯이 죽음에 대해서도 좋고 나쁨이라는 이분법적 사고가 지배하는 것이 우리 삶이다.

사실 죽음은 불가항력적이지만 아쉬운 감정을 갖게 한다. 어린 나이에 죽는 것은 누구를 사랑해 보지 못하고 죽는 것, 장년의 죽음은 자기목표를 이루지 못하고 죽는 것, 노년기는 흘러가는 세월을 아쉬워하며 죽어갈 것이다. 특히 사람들은 갑작스런 죽음을 두고 부정적인 반응을 보인다. "너무 빨리 갔어, 건강했는데. 일어날 수 없는 일이 일어났어. 믿어지지 않아!" 하고 죽음에 대해 아쉬움을 표한다. "열심히 살아보려고 했는데" 하며 눈물로 망자를 저세상으로 보낸다.

게다가 죽음은 모든 것을 박탈당한다는 점에서 '불모의 삶'으로 돌아가는 것을 뜻한다. 죽는 순간부터 행복하게 누리던 유쾌한 경험을 빼앗기는 '박탈 문제(deprivation thesis)'가 제기된다. 죽음은 모든 향락을 박탈하기 때문에 나쁜 것이라고 생각한다. 사람에 따라 다르지만 욕망을 내려놓지 못하고 죽을 때 더 아픈 것이다. 나쁜 죽음은 그 사람의 욕망의 정도와 밀접한 관계를 나타낸다.(Belshaw, 2013) 죽어가는 모습에서 평화로운 임종(편안한 얼굴)인가, 아니면 고통스러운 모습인가를 짐작할 수 있다. 고통스러운 죽음은 결국 삶의 과정에서 악을 행했거나 불행한 삶을 살았기 때문이라는 견해도 있다.(Bradley, 2013) 불행하게도 대부분의 사람들은 고통스럽게 죽어간다.

좀 더 좋은 죽음, 나쁜 죽음을 이해하기 위해 다른 예를 들어보자. 지금 당신이 80세라고 하자. 노년 후기에 접어들었지만 무의식중에도 당신은 90세, 100세 이상 살 것을 상상할 것이다. 아니면 더 늦게 태어나서 지금 20세쯤 살아간다면 얼마나 좋을까, 좀 늦게 태어났다면 앞으로 60~70년 이상 더 살 것이 예상되기 때문이다. 아니면 "우리 아버지가 정자를 냉동보관했다가 수년 후 더 좋은 세상이 되었을 때 어머니 자궁에 이식해 태어난다면 어떨까" 하는 상상도 해볼 수 있다. 즉 시간을 거꾸로 돌리고 싶은 마음이다. 사람의 생명도 되돌릴 수 있다면 얼마나 좋을까 하고 소망하는 마음이 크면 클수록 아쉬움도 커질 것이다.

또 비슷한 맥락에서 살짝 비틀어 생각해 보자. 당신이 90세라고 가정해 보자. 그런데 병원에서 일 년 안에 죽는다고 했을 때 그것은 좋은 죽음인가 나쁜 죽음인가. 결국 당신은 일 년 안에 죽는 것이 아니라 100세 이상 살 것이라고 상상하기 때문에 일 년 내의 죽음이 나쁜 죽음이라고 생각되는 것이다. 반대로 "이제까지 살 만큼 잘 살았다"며 남은 일 년을 긍정적으로 겸손하게 받아들일 때 그것은 좋은 죽음이 될 것이다. 당신이 이룰 수 없는 존재 욕구가 크게 작용할 때 결국 나쁜 죽음으로 생각되는 것이다.

무슨 얘기인가. 이 모두가 시간 속에 존재한다는 뜻이다. 현실 세계에서 생명에 대한 시간의 차이가 있을 뿐이다. 시간의 좋고 나쁨이 어디 있는가. 삶은 덧없이 소중하면서도 유한하지 않은가. 시간은 일단 지나가면 단 1초라도 돌아오지 않는다. 플라톤과 하이데거의 경우 존재의 영역(실체, 관념의 세계)과 시간 영역(되어 감, 진행)으로 나누고 있지만, 사실 모든 존재란 시간에 의해 한정될 뿐이다. 존재(나)의 죽음도 시간 속에서 제한될 뿐이다. 시간 속에서 일어나는 일(죽음)들이 뭔가 나로부터 빼앗아 가기 때문에 나쁘다고 생각하게 되는 것이다.

"권력의 화신이었던 카이사르는 어디로 갔을까."

이렇다 보니 사람들은 죽음을 악으로 간주하는 경향이 있다. 죽음에 대해서 나쁘게 생각하면 죽음 자체가 불행해질 수밖에 없다. 하지만 죽음은 악도 아니고 선도 아니다. 다만 소멸되는 것뿐이다. 결국 제한된 생명을 누리다가 죽는 것이 자연의 법칙이다.

인간의 수명주기에서 죽음은 현실이고 자연으로 돌아가도록 설계되어 있다. 다만 우리는 지구상의 모든 종(種)들보다 나쁜 죽음을 피할 수 있는 능력을 가지고 있을 뿐이다. 이같이 생각하면 노년기에 좋은 죽음이 일종의 집착이겠지만 육체의 건강, 영혼의 건강을 위해서 긍정과 웃음, 사랑과 배려, 낙관주의로 살아갈 때에 좋은 죽음을 맞이할 수 있을 것이다.

■ 어떻게 좋은 죽음을 만들까

좋은 죽음을 맞이하기 위해서는 지금 할 일보다 하지 말아야 할 것들이 많다. 예를 들어 사건사고를 방지하기 위해 음주운전, 마약복용, 지나친 욕심 등에서 벗어나는 마음의 변화가 있어야 한다. 이를 위해서는 매일 저녁 짜투리 시간까지도 유익하고 즐겁게, 그리고 스스로 삶의 동기를 만들어 실천해 가는 것이다. 아리스토텔레스는 "당신의 생명이 끝날 때까지 좋은 삶을 만들 수 있다"고 했다. 그것은 마지막 순간까지 스스로 책임질 수 있어야 가능하다. 그렇게 할 때 정신적 사고와 판단력을 높여 준다는 아드레날린 호르몬 분비가 증가될 것이다.

또한 좋은 죽음을 만들기 위해서는 살아 있을 때 좋은 삶을 살아가야 한다. 악행을 삼가는 것이다. 못된 놈에게 이런 욕이 있다. "벼락 맞아 죽어라, 염병들어 죽을 놈." 얼마나 큰 저주인가. 악행을 저지르지 않고 고통 없이 주어진 생명을 누리다가 떠나는 것이 좋은 죽음이다. 무수히 많은 생명체가 걸어온 길을 따라가는 것이 우리 삶이요 죽음이다. 사마천은 "세상의 헛된 죽음을 보면서 태산보다 무거운 죽음"을 말한다.(김영수, 2010) 언젠가는 죽을 것을 알기에 명예로운 죽음이 귀중하다는 뜻이다. 내 생명의 길이를 예측할 수 없지만, 그러기에 신비롭고 태평하지 않을까 하는 생각도 든다.

그러면 좋은 죽음을 어떻게 만들 수 있을까. 하버드대 공공보건대 아툴 가완다(Gawande) 교수는 《존재의 죽음》(2014)에서 우리 삶뿐만 아니라 의학 영역의 핵심 주제인 인간다운 좋은 죽음을 위해서는 자율성

견지, 존엄성 유지, 받아들이는 죽음을 권하고 있다.

좋은 죽음을 만들어가는 것이 결코 쉬운 일이 아니지만 환자 및 가족의 입장에서 몇 가지 방법을 찾아보자.

첫째, 환자 자신이 죽음을 대비해 주변을 정리하고 가족들도 마음의 준비를 하며 죽음으로 인한 충격을 줄이는 것이다. 죽음에 이르기 전에 못다 한 일들을 정리하는 한편, 가족들과 사랑을 나누고 용서하면서 심리적 불안감을 줄여 나간다.

둘째, 되도록이면 통증 없이 죽는 것이다. 고통을 줄이는 완화치료 (palliative care)는 죽어가는 사람에게 매우 필요하며 죽음의 질에 영향을 미친다.

셋째, 모든 인간관계를 정리한다. 살아가면서 생긴 갈등, 모순, 적대감을 모두 풀고 가는 것이다.

넷째, 환자가 소원하는 것을 충족시켜 준다. 먹고 싶은 음식을 만들어 주거나 함께 여행을 하는 것이다. 가족 친지들과 작별인사를 할 수 있는 기회를 마련해 주는 것도 빼놓을 수 없는 배려다.

다섯째, 인생의 의미를 찾도록 배려한다. 환자가 추구하는 가치를 느끼도록 하는 일, 책을 읽어 주거나 음악을 들으며 휴식을 취하도록 돌봐준다.

여섯째, 임종을 대비해 신뢰할 수 있는 사람과 대화할 기회를 만들어 주고 재산, 장기기증, 죽음의 선택 등을 놓고 충분히 말할 기회를 마련한다.

일곱째, 원치 않는 생명 연장을 강요하지 않는다. 의료기기에 의존하지 않고 온전히 존엄을 지키며 죽는 것이다. 무의미한 생명 연장 없이 조용히 떠나도록 돕는다.

여덟째, 죽음이 임박했을 때 어디서 임종할 것인가를 선택한다. 임종이 임박하다면 '안방'으로 옮겨 눈을 감도록 한다. 전통적으로 안방은 죽어가는 자의 마지막 장소다.

아홉째, 종교적 믿음을 갖도록 권한다. 생명에서 죽음의 통로로 이어지는 과정에서 신의 도움을 받아 영혼의 평안을 얻도록 한다. 우리는 썩어 없어질 육체에 사로잡혀 죽어가지만 진정한 생명은 불멸하는 영혼이라는 믿음을 가질 때 좋은 죽음이 된다.

열째, 사망 후 사회적 관계에서 어떤 비난을 받거나 수치스러운 일이 발생하지 않도록 조심한다. 가족, 친지, 사회로부터 애도의 대상이 되어야 한다. 손가락질 받지 않는 죽음이 훌륭한 죽음이다.

어쨌든 한 가지는 분명하다. 아무리 건강하고 성공했더라도 언젠가는 죽음을 맞이하게 된다. 인간이면 누구나 불편하게 생각하는 것이 바로 죽음이다. 삶의 뒤를 돌아다보면서 "인생이 왜 이리도 무의미하고 추악한가." 혹은 "왜 고통을 겪으면서 죽어야 하는가" 하고 고민할 것이다. 그렇다고 늙고 병들어 마지막으로 다가오는 죽음을 단순히 피해 대상으로 볼 것은 아니다. "한번 가면 그만인걸" 하고 허무주의에 빠질 것도 아니다.

참고자료

김영수(2010), 《사마천 인간의 길을 묻다》, 서울 : 왕의 서재.

비트겐슈타인(Wittgenstein, Ludwig, 2015), 《비트겐슈타인의 인생노트》, 이윤(엮음),
서울 : 필로소픽.

페터 비에리(Perer Bieri, 2014), 《삶의 격》, 문항심(역), 서울 : 은행나무.

Byock, Ira(2004), The Four Things That Matter Most : A Book About Living, New
York: ATRIA Books.

Belshaw(2013), Christopher, "Death Value and Desire" in Bradley, Ben, Fred,
Bradley, Ben(2013), How Bad is Death, Canadian Journal of Philosophy, 37(1),
111-127).

Brome, John(2013), The Badness of Death, Goodness of Life, in Bradley, Ben,
Fred, Feldman(2013), The Oxford Handbook of Philosophy of Death, Oxford :
Oxford University Press. 218-233.

Brown, Guy(2007), The Living End: The Future of Death, Aging and Immortality,
New York : MaCmillan.

Cave, Stephen(2012), Immortality: The Quest to Live Forever and How it Drives
Civilization, New York : Crown Pub.

Gawande, Autul(2014), Being Mortal: Medicine and What Matters in the End, New
York : Metropolitan Books.

Zimmermann, C(2012), Acceptance of Dying : A discourse analysis of palliative
care literature, Social Science&Medicine, 75(1), 217-224.

4장

죽음, 죽어감의 물음

최후의 심판(부분) 후베르트 반 에이크 1426년

누구나 끌려가는 죽음, 당하는 죽음이 아니라
맞이하는 죽음을 준비하는 일이 중요하다.
어떤 모습으로 죽어가야 할지,
나의 시신이 어떻게 처리되기를 원하는지
미리 고민해 보고 죽음을 맞이하는 것 말이다.
보통 '인간이 죽는다'는 것은 시대를 초월한 불편한 진실이지만
그 불편한 진리를 마감하는 방식은 시대마다 지역에 따라 다르다.

어떻게 하면 최고의 삶을 살아갈까. 어떻게 하면 늙어 버린 내 몸이 잘 죽어갈 것인가. 아무도 죽음과 죽어감을 피할 수 없는 현 시점에서 우리 모두는 잘 죽는 기술(art of dying)이 무엇을 의미하는지. 잘 죽는다(die well) 혹은 잘 죽어감(well dying)은 까다로운 주제처럼 들리지만 실제로 내가 죽으면 어떻게 될까, 아니면 고통 없이 잘 죽을지, 하루 이틀 앓다가 죽을 수 있을지 궁금해진다.

그리고 내 영혼은 어디에서 머물까. 이런 의문은 인간 존재의 궁극적인 물음이 아닐 수 없다. 이 모두는 살아 있을 때의 삶의 문제다. 정치, 예술, 문학, 과학에서 말하는 진리는 한마디로 근본적인 인간의 '생존(survival)' 문제와 직결된 그 무엇이기 때문이다.

그러면 아직 오지 않은 죽음에 미리 달려가 볼까. 성장과 죽음, 삶과 이별 속에 다가오는 죽음이 무엇인가. 내가 죽음과 마주했을 때 어떻게 해야 할까. 이런 의문은 누구나 자신에게 던지는 질문들이다.

1. 치명적 질병과 마지막 생명의 선택

죽음은 의학적·철학적·사회학적 영역의 인간 실존의 문제다. 죽음의 공포를 넘어 장수의 꿈을 갖고 몸관리는 물론 병원도 자주 찾으며 건강을 관리할 것이다.

그러나 미국의 호스피스 및 완화의료전문가 아이라 바이옥 박사는 《품위 있는 죽음의 조건》(1997)에서 "당신은 죽음 앞에서 진정 편안합니까?" 하고 묻는다. 말을 바꿔서 당신이 지금 편안하다면, 아니면 노년 후기인 70~80대 이상을 살아간다면 당신은 "이 험한 세상에서 참 애썼다"는 위로의 말을 들을 만하다는 것이다.

그러면 죽음이라는 '생명의 끝(end-of-life)'을 어떻게 맞이하고 관리할까. 우리는 언젠가 죽을 수밖에 없다는 사실을 알지만 질병에 대한 치료는 물론 죽음에 대해서도 의사들의 절대적인 도움이 필요하다.

푸코(Foucault, 1926~1984)는 《임상의학의 탄생》(2006)에서 죽음은 의사들의 의학적 지식의 대상일 뿐만 아니라 의사들의 일차적 치료의 대상임을 강조한다. 그리고 죽음은 사회적으로 다루어질 주제다.

■ 최선의 치료를 받을 권리

분명히 나이를 먹는다는 것은 손실의 시간이고 세포의 분열이다. 질병은 성장 노화 과정에 따른 신체적 변화에서 오는 질병으로 매우 복잡한 징후를 나타낸다. 인간이 건강 장수를 꿈꾸지만 알 수 없는 통증과 치명적인 질병에 노출되어 있다. 예를 들어 알츠하이머병, 파킨슨병, 관절염(고관절염, 류머티스), 각종 암, 심부전, 치매, 당뇨병, 독감, 불안장애(GAD), 심장병(심장마비, 고혈압, 관상동맥질환), 청력상실, 고콜레스테롤, 고관절골절, 경부골절, 골다공증, 폐질환(폐렴), 척추협착증, 안과질환(황반변성, 백내장, 녹내장), 요로감염(전립선염, 전립선암), 수면장애 등이 올 수 있다.

다시 말해 "히포크라테스여, 내 몸을 부탁해!" 하지만 인간으로서의 품위를 떨어뜨리는 정신적 질병인 알츠하이머병, 파킨슨병, 치매, 뇌졸중, 정신병(환각, 망상, 감각상실) 등은 본인뿐만 아니라 온 가족을 힘들게 한다.(Lyn et al, 2003) 의료기술 덕분에 오래 살지만 만성질환의 확산과 질 낮은 고통은 여전하다. 당뇨병, 고혈압, 비만은 더욱 확대되어 본인뿐만 아니라 가족 전체에게 큰 고통을 준다. 특히 늙어서 병들면 집에서 요양원으로 그리고 병원으로 옮겨가며 생을 마감한다.

예전에는 모든 죽음이 집에서 발생했지만 현대사회로 들어오면서 치료 과정 중 병원에서 사망한다. 통계청 자료를 보면 2016년 사망자 28만 명 중 약 75%(21만 명)가 병원에서 삶을 마감했다. 병원에서는 집중치료실에서 중환자실로, 그리고 때로는 '희망 없는 퇴원'으로, 아니면 마지막 임종 단계에서 죽음을 어떻게 선택할 것인가를 놓고 고민에 빠진다. 질병이 심화되면서 가족 모두에게 어려운 결정을 하게 될 때가 오게 된다. 때로는 삶과 죽음의 '문지방'에 올라선 모양새가 기약 없이 이어진다.

물론 가정의 도움과 병원으로부터 최선의 치료를 받을 수 있는 환자의 권리가 있다. 자신의 치료와 관련해 의사결정을 보호받을 수 있고, 의사는 환자의 '최선의 이익(best interests)'을 위해 치료해야 한다. 환자들은 가족이나 의사 등으로부터 어떤 부당한 차별을 받지 않는다. 환자에게는 평등권, 인권 존중, 수명 연장 거부, 치료 가능성의 확대 등 전체 이익을 극대화하여 치료받을 수 있는 권리가 있다. 그리고 의사와 간호사 등 의료진은 정직하고 열린 마음으로 최신의 의료기술에 따라 치료해야 한다는 '히포크라테스의 선서'가 있다.

■ 식물인간 상태에서의 생명 선택

현대의학이 발전하지만 인간의 죽는 시기를 정확히 예측하지 못한다. 100세가 넘도록 오래 살았지만 자신이 "죽을 때가 됐다"고 말하는 사람은 거의 없다. 이런 점에서 누구든지 마지막 생명관리에 필요한 대책을 강구하게 된다. 예를 들어 '지속적인 식물환자 상태(PVS, persistent vegetative state)' 혹은 영구적인 식물인간 상태 및 이와 유사한 상태에 빠졌을 때 동원되는 심폐소생술(CPR, cardiopulmonary resuscitation) 이용, 신장투석, 인공영양 및 수분공급 등의 여부를 확인하는 데 필요한 '사전연명의료의향서'를 미리 준비해 두는 일이다. 즉 환자가 죽음 막바지에 인공호흡기를 달지, 아니면 심폐소생술을 받을지, 진통제를 쓸지 여부를 선택하게 되는데, 이에 대한 선택을 미리 정해 놓는 일이다.(General Medical Council, 2010)

물론 이런 결단을 내리기란 환자 자신이나 가족, 의사 모두에게 매우 어려운 일이다. 가족들은 환자의 죽음에 대해 감정적으로 연민, 존경 속에서 선택을 해야 하는데 이때는 윤리적 딜레마와 불확실성이 작용하게 마련이다. 그런데 이때 "과연 누가 내 삶의 남은 가치를 판단할 수 있는가" 하는 궁극적 물음이 제기된다. 즉 자신의 생명을 끊을 권리 혹은 누가 남의 생명을 끊을 수 있는가이다. 죽어가는 과정에서 생명을 연장하거나 환자의 불필요한 고통의 원인을 제공하지 않고 존경과 존엄으로 환자를 치료해야 하는 것은 의료적 원칙이지만, 그렇다고 소생 불가능한 환자의 생명을 한없이 연장할 수는 없는 일이다.(Goodridge, 2013)

따라서 윤리적·법적(인간의 기본권리) 원칙에 따라 잠재적 생명 연장 치료를 의학적으로 결정할 수밖에 없다. 가정에서 수명 연장을 포기하고 담당의사가 소생 가망이 없다고 판단할 때 생명 연장 여부를 결정할 수 있다. 여기서 시한부 생명의 판단이 매우 중요한 변수가 되는데, 예를 들어 환자의 생명이 얼마나 남아 있느냐의 문제다. 환자의 '삶의 끝'이란 향후 12개월 이내에 사망할 가능성이 있는 경우, 아니면 죽음이 임박(몇 시간 혹은 며칠 이내)했을 때를 의미한다. 이런 생명의 시기를 고려해 향후 생존 가능성, 치료 가능성, 희망 없는 치료 여부, 합병증

유무, 급성으로 인한 사망 등의 위험성이 고려된다.

이런 맥락에서 생명을 유지시켜 주는 일과 죽도록 내버려두는 것
(죽음 방조) 사이에서 의사뿐만 아니라 가족들은 고민하게 된다. 사실 의사
자신은 사망 위험이 크더라도 부작용 없는 요법을 선택할 것이고, 환자
에게는 삶의 질과 상관없이 생존율이 높은 요법을 쓰는 경향이 있다. 이
와 관련해 두 가지 측면에서 살펴보는 것이 일반적이다.

첫째, 환자가 스스로 자기 생명을 선택할 수 있는 능력 여부(decision
making model)다. 의사와 환자, 환자의 가족들은 ▷환자의 의료기록 관
찰 ▷임상경험적 소견 ▷의사의 전문지식과 경험에 의한 판단 ▷가족
들의 의견을 종합해서 환자가 선택할 수 있는 옵션을 가지고 논의해 결
정한다.

둘째, 환자가 스스로 결정할 능력이 없는 경우에는 ▷의사가 환자의
자기결정능력을 할 수 없는 상태 확인 ▷환자의 의료기록 확인 ▷가능
한 치료 방안 제시 ▷가족의 법적 권한 여부 확인 ▷환자의 최대 이익
을 보장하는 한계 내에서 결정한다.

한편, 담당의사에게 묻는 질문이 있다. 그것은 죽음과 삶의 경계선
에서 의사의 역할은 무엇인가 하는 점이다. 의사가 환자를 치료하거나
생명을 연장하고자 할 때 '당신은 해야(you must)' 하는 원칙과 '당신
은 뭐를 하는 게 좋다(you should)'는 식의 암묵적 선택을 하도록 환자와
가족들에게 제시하고 치료하는 일이다. 여기서 '당신은 해야'한다는
뜻은 최우선의 의무 내지 기본원칙(생명구원)에 충실한 것이고, '당신은

뭐를 하는 게 좋다' 는 것은 의사가 어떻게 치료할 것인가를 놓고 충고하거나 권고하고 선택하도록 하는 과정이다.

곧 생명 연장을 포기할지 혹은 치료할지의 여부 판단은 의사의 기술적 판단이다. 생명을 유지시키는 일은 의사의 의무로서 최선의 의료지식과 기술을 통해 '아픈 신체'를 치료하는 것이다. 그런데 문제는 아무리 가망이 없더라도 환자를 살리려는 방어적 진료 혹은 과잉진료를 할수밖에 없는 것이 오늘의 의료현장 모습이다. 죽음의 문제는 환자의 상황, 의료진의 진료 기술에 따라 많이 다를 수 있고 또한 논쟁의 가능성을 내포하고 있다.

참고자료

Byock, I(1997), Well Dying, New York : Riverhead Book.

Goodridge, Donna.(2013), Planning for serious illness amongst community-dwelling older adults. Nursing Research and Practice, Vol. 2013(2013), Article ID427917, p.7.

General Medical Council.(2010), Treatment and Care Towards the End of Life : Good Practice in Decision Making.

Ham, R., Sloane, D.,&Warshow, G.(2002), Primary Care Geriatrics : A Case Based Approach, pp.32-33, MO: Mosby.

Lyn, Joanne., Adamson, David M.(2003), Living Well at the End of Life : Adapting Health Care to Serious Chronic Illness in Old Age, Rand, Rand Health Reports. pdf.

U.S. Department of Health and Human Services.(2008), "Advance directives and advance care planning", Report to Congress, http://aspe.hhs.gov/daltcp/reports/2008/ADCongRpt.htm.

2. 존엄사, 안락사의 문제

예일대 셸리 케이건(Kagan, 2012) 교수는 "죽음은 살아 있을 때 하던 모든 것을 할 수 없는 상태"라고 했다. 그렇다면 문제는 누구나 끌려가는 죽음, 당하는 죽음이 아니라 맞이하는 죽음을 준비하는 일이 중요하다. 어떤 모습으로 죽어가야 할지, 나의 시신이 어떻게 처리되기를 원하는지 미리 고민해 보고 죽음을 맞이하는 것이다. 보통 '인간이 죽는다'는 것은 시대를 초월한 불편한 진실이지만, 그 불편한 진리를 마감하는 방식은 시대마다 지역에 따라 다르다. 그래서 죽음도 오랜 역사와 각자의 생사관에 따라 유의미하게 달라진다.

그런데 죽음에는 자연사(natural mortality) 이외에 안락사(euthanasia) 혹은 존엄사(death with dignity)의 형식이 있다. 자연사는 인간 수명이 자연 요인에 의해 사망하는 것을 뜻한다. 생명보험사에서는 이와 비슷한 용어로 '일반사망'이라는 말을 사용한다. 재해사망(질병, 교통사고, 자연재해 등)과 구별되는 일반사망은 원인이 확실하지 않은 모든 사망을 포함한다. 사실 요즘에는 '자연사' 상태를 가늠하기가 어려운 실정이다. 거의 모두 집보다는 병원에서 치료를 받다가 사망하기 때문이다.

그리고 '품위 있는 죽음(존엄사)'은 소극적인 안락사(영양공급 중단, 약물 투여 포기)와 비슷하지만 의식 회복 가능성이 없는 식물인간에 대해 부착된 생명 유지 장치를 제거하여 인간으로서의 존엄성을 유지하면서 죽음을 맞게 하는 방법이다. 말기 암환자의 경우 죽음이 얼마 남지 않았다고 판단된다면 전문의와 환자 가족들이 의견을 모아 진료 여부, 진료 방법 등을 결정해 품위 있게 죽음을 맞도록 하는 제도다. 최근에는 세계적으로 존엄사를 폭넓게 인정하는 추세로 발전하고 있다.

그런데 안락사, 존엄사도 이루지 못하는 환자들이 죽음보다 못한 생명을 이어가는 경우가 많다. 코에 영양 공급관과 산소호흡기를 주렁주렁 매달고 누워 있는 환자들을 보면 좋은 죽음이 뭔지 알 만하다. 요즘 많은 사람들이 '우아하게 죽을 권리'를 생각하지만 안락사 혹은 존엄사 개념이 혼란스러워 보인다. 소생할 가망이 없는데도 값비싼 치료에 매달려 생명을 연장하려 한다.

국내에서는 해마다 암, 뇌졸중, 간경화 등 중병 말기 환자 15만 명이 끔찍한 고통 속에 임종을 맞이하고 있다. 서울 근교 벽제화장터에서는 하루에 90여 구가 화장되어 재로 돌아가지만 그들의 귀천 사연은 모두 다르다. 죽어가는 사람 주변에 의사, 간호사, 가족들이 다 모이지만 그의 죽음을 막지 못한다. 자신이 죽었는지 살았는지도 모르고 의사의 손길을 기다린다. 호스피스들에 의하면 흔쾌히 죽음을 받아들이는 사람은 극소수에 불과하다고 한다. 그만큼 죽음을 힘들게 맞이하는 환자가 많다는 것이다. 가족들은 안타까워하며 절망할 뿐이다.

중요한 것은 개인의 자율과 선택의 자유가 우선이다. '품위 있게 죽을 권리(존엄사)'는 자기 인생을 스스로 끝맺을 권리, 고통스럽게 죽지 않을 권리, 가족들 앞에서 죽을 권리 등이 포함된다. 병들어 누워 있거나 죽어갈 때도 개인의 권리는 충분히 보장돼야 한다는 뜻이다. 환자 자신이 죽음의 시간과 방법을 선택할 수 있다는 점에서 인간의 자유의지가 중요하다.(Humphry, 1991) 하지만 이런 권리도 주장할 의식이 있는 경우에만 가능하다.

"삶의 마지막 순간을 헌신짝처럼 버리지 마라."

결국 문제는 "삶의 끝을 어디서 어떻게 마무리하느냐"는 것이다. 현대의학이 발전하지만 인간의 죽는 시기, 어떻게 죽을지를 정확히 예측하지 못한다. 공자는 "삶도 제대로 모르는데 죽음을 어찌 알겠는가(未知生 焉知死)"라고 했다. 사실 우리는 죽음을 잘 모른다. 죽음은 삶의 일부분이라지만 죽음을 거부하는 경향이 강하다. 거기다 우리나라 사람들의 죽음의 질 역시 열악하다. 그렇다면 노년 후기에 접어들어서는 자신의 죽음에 대해 의식이 있을 때 마음의 결정을 해 두는 것도 좋은 죽음을 준비하는 것이다.

■ 임종(죽음)의 권리

사실 '임종의 질'에는 문제가 있다. 장수시대지만 역설적으로 죽음의 질과 '죽을 권리(right to die)'를 깊이 생각해 볼 때다. 죽을 권리는 회복할 가망이 전혀 없는 환자의 불필요한 고통을 줄이기 위해 부여되는 권리를 의미한다.(Hans, 1978) 예를 들어 말기 암환자의 임종 과정에서 심폐소생술 등 '무의미한 연명치료'는 오히려 고통이 될 수 있다는 것이다. 임종이 임박한 환자에게 의술을 동원해 생명을 연장할 수 있으나 이것은 어디까지 해야 하느냐의 문제다. 시간의 의미를 지나치게 기계적으로 고집하는 것은 아닌지, 또는 환자 자신의 입장에서 자기 삶을 정리할 수 있는 시간을 줘야 한다는 의미가 내포되어 있다.

이러한 '죽음의 질'을 결정하는 데는 통증조절, 의사결정능력, 누워 있는 장소, 마지막 치료, 죽음에 대한 준비 등 다섯 가지가 좌우한다. 이들 요소는 치료자(의사)로 하여금 '사전연명(치료)계획(advance care planing)'을 세우는 데 중요한 항목이다. 그리고 환자와 가족들이 동의한 최종수명관리서인 '사전연명의료의향서'는 가족과 환자의 마지막 생명 선택과 관련한 최종 지침이다.(Carr, 2012)

우리나라는 2016년 2월에 공포된 '연명의료결정법'에 따라 2017년 10월 23일부터 '사전연명의료의향서'와 '연명의료계획서'에 대한 시범사업을 실시했다. 여기서 사전연명의료의향서는 임종 과정에 들어섰을 때 인공호흡기 부착 등을 결정하는 것이라면, 연명의료계획서는 의사의 문서로서 환자의 최종 의사에 따라 의사가 말기 환자나 임종기 환자에게 최종 서명하는 문서다.

말기 환자는 근원적인 회복 가능성이 없고 점차 증상이 악화돼 담당 의사와 해당 분야 전문의 1명이 수개월 내 사망할 것으로 예상한 사람들을 말한다. 말기 진단을 받지 않으면 연명의료계획서를 작성할 수 없다. 참고로 사전연명의료의향서와 연명의료계획서를 비교하며 다음과 같다.

사전연명의료의향서 · 연명의료계획서 비교

사전연명의료의향서		연명의료계획서
환자	작성 주체	의사
모든 사람 (말기 · 임종기 환자 포함)	작성자	말기 · 임종기 환자가 의사와 같이 작성
필수	서명	의사 · 환자 서명 필수
연명의료 할지 여부 호스피스 이용 여부 등록기관의 설명 확인 보관방법	내용	연명의료 할지 여부 호스피스 이용 여부 담당의사 설명 확인
NPO, 복지재단, 의료기관 등의 법정등록기관	작성장소	의료기관

말하자면 죽어가는 과정이 예전보다 훨씬 복잡해졌다는 뜻이다. 수천 년 동안 대부분의 사람들은 질병에 걸리면 약간의 자연요법에 의존하다가 집에서 죽었다. 그러나 요즘은 며칠간 혹은 몇 개월간 심한 고통과 복잡한 진통을 겪는다. 오늘날 병원이나 양로원 혹은 호스피스 병동 등 죽음의 장소도 다양해지고 있다. 이런 가운데 의학기술의 발달로 환자나 가족들에게 마지막 생명권 선택을 요구받고 적지 않은 고민에 빠지게 된다. 이와 관련해 환자나 가족들이 죽음의 권리 차원에서 존엄 있게 죽음을 선택하게 되는데, 이를 세 가지로 나눠 볼 수 있다.(Public Agenda for Citizens, 2012)

첫째, 의사의 도움을 받아가며 죽을 수 있는 권리다. 인간 생명이 보호되어야 한다는 의미에서 개인은 자기 죽음의 시간과 상황을 결정하는 권리가 있다. 죽음에 가까이 있을 때 통증 치료 등 '삶의 끝'에서 의료 도움을 받을 수 있는 권리가 있다. 이때 환자가 생명 유지 기술을 거부하거나 수명을 연장하기 위한 연명의료(치료)를 받을 권리가 있다. 이때 모두 의사의 도움을 요청할 수 있다.

둘째, 환자가 최대의 '편안함'을 제공받을 수 있는 권리다. 의료진은 환자의 질병상태를 간과하거나 완화치료를 실패했을 때 쉽게 치료를 포기하는 경우가 있는데, 그러나 환자들은 약물 치료에 의한 고통을 감소시킬 수 있는 방법을 요구할 수 있다. 이때 의사들은 환자들의 고통과 우울증을 완화시킬 수 있도록 가능한 치료를 제공해야 한다. 환자들의 권리를 인정하는 일은 곧 자살을 방지하는 최선의 해결방식도 된다.

셋째, 의료진은 환자 자신과 가족들에게 생명을 더 보존할 수 있는지를 재확인한다. 의사는 인간의 삶을 무조건적인 가치를 인정하고 가능한 한 생명을 보존할 수 있는 노력을 재인식해야 한다. 환자가 명시적으로 추가 치료를 거부할 때를 제외하고 의사는 생명을 유지하기 위해 모든 노력을 다해 환자에 대한 '자살 방조' 의심을 받지 않도록 한다. 그래야 법적·윤리적 책임에서 자유로워질 수 있다.

이러한 원칙들을 다시 각론에서 살펴보면 ▷죽는 시간까지 살아 있는 인간으로서 대우를 받을 권리, ▷상황이 어떻게 변하더라도 희망을 유지할 권리, ▷죽음이 다가옴에 따른 나의 감정과 느낌을 내 방식대로 표현할 권리, ▷나의 간호에 관한 의사 결정에 참여할 권리, ▷나의 죽음을 수용하는 데 있어서 가족으로부터 도움을 받을 권리, ▷평화와 존엄성을 가지고 죽을 권리, ▷나의 신앙과 영적 경험을 충족시키고 토의

할 권리, ▷내가 죽음에 직면하여 자각 있는 사람에 의해 돌봄을 받을 권리 등이 포함된다.

이상의 원칙들은 누구나 자기 죽음을 선택할 권리가 있다는 뜻이다. 순명(順命)의 자세로 임하면서도 다양한 죽음의 권리를 인정하고 있는데, 자신의 죽을 시간을 선택하고 고통 없이 죽을 의료 요청과 생명 포기 등의 도움을 받을 수 있는 권리는 하나의 생명 유지에 있어서 마지막 카드라고 할 수 있다.

■ 존엄사, 안락사에 대한 법제화 추세

앞에서도 언급한 것이지만 문제는 수명이 길어지는 현실 속에서 복잡한 법적·윤리적 문제들이 제기되고 있다는 점이다. 아무리 특별한 사람이라도 다른 사람을 죽게 할 권리가 없다는 측면과 동시에 가난하고 늙고 병든 사람들의 마지막 몸부림을 외면할 수 없다는 윤리적 문제가 있다.(Niemira&Townsend, 2009) 임종을 눈앞에 둔 환자가 직접 안락사를 희망하거나 무의식 상태에서 회복이 불가능한 환자를 놓고 의료진은 윤리적 고민에 빠진다는 얘기다.

또한 경제사회적·법적 문제도 있다. 생명 유지 기술의 사용, 의료비 증가, 자원 배분 등의 문제가 제기되고 있는 가운데 연명 의료 중단에는 절차적 문제 등 당혹스러운 문제가 아닐 수 없다. 특히 죽음에 도달했을 때 누구보다 환자 자신의 결정이 우선이지만 가족들이 반대하는 경우도 있다. 그렇다고 누구나 자신의 생명을 끊을 권리가 있느냐의 문제도 생긴다. 또 과연 다른 사람의 생명의 가치를 제3자가 판단할 수 있는가의 문제도 있다.

이렇게 의료적·사회적·종교적 입장이 충돌하는 가운데 각국은 죽음을 어떻게 판단하고 처리할까. 우리가 이미 알고 있지만 세계적으로 존엄사를 인정하는 추세다. 현재는 숨이 멎은 상태 혹은 심장이 멎은 상태, 아니면 뇌사상태까지 죽음으로 인정하고 안락사를 행하는 사례가 늘고 있다. 소생 가능이 없는 환자가 존엄사를 선택할 권리를 보장하고 임종 때까지 의료 복지 서비스를 강화하는 내용으로 전환되고 있다. 소생 가능성이 없는 환자에게는 더 이상 고통 없이 죽을 수 있는 권리를 주자는 의견이 지배적이다.

세계에서 최초로 안락사를 합법화한 네덜란드, 스위스, 벨기에, 덴마크는 완치 불가능한 환자가 스스로 치료를 거부할 수 있도록 허용하고 있다. 안락사를 요구하면 산소호흡기를 제거할 수 있도록 했다. 단 독극물 주사 등으로 의도적 혹은 적극적으로 죽음에 이르게 하는 '안락사'는 불법으로 규정하고 있다. 비슷한 맥락에서 미국 오리건 주는 한 발 더 나아가 1994년부터 의학적 도움에 의한 자살을 허용했다. 미국 내 일부 주에서는 안락사, 존엄사로 통칭되는 '자연사법(Natural Death Act)'을 준비하고 있다.

미국 캘리포니아 주정부는 2015년 10월 미국 내 다섯 번째로 안락사를 허용했다. 소위 '죽을 권리 법안(Right to Die Bill)'이라고 불리는 존엄사 법안이 시행되면서 연명치료 중단 내지 치료거부권을 행사할 수 있다. 또한 이 지역의 의사들은 삶을 끝낼 수 있는 약을 환자에게 처방할 수 있다. 단 2명 이상의 의사로부터 6개월 이상 살 수 없다는 판정을 받은 환자에게 극약을 줄 수 있도록 했다. 이 법으로 안락사 형태로 자기 의지에 따라 생명을 끊을 수 있게 된 것이다.

프랑스 하원은 2004년 11월 30일 '품위 있게 죽을 권리를 인정하는 법안'을 통과시켰다. 이 같은 존엄사 법안은 '안락사'를 합법화한 것이 아니라 단지 가망 없는 환자에게 생명 연장용 치료를 거부할 수 있는 권리를 인정한 것이다. 환자의 희망에 따라 치료를 중단한 의사들에게 살인죄를 적용하는 것이 아니라 환자의 의식 유무에 따른 다양한 생명 마감 절차를 규정하고 있다.

영국 헤들리 가정법원은 불치병 환자의 자살여행(suicidal travel, 자살하기 위해 안락사가 합법화된 나라로 가는 여행)을 허락했다. 불치병 환자에게 내렸던 '자살금지명령'을 철회한 것이다. 자살여행이 환자 자신의 결정이며, 성년이 된 아이들과 배우자의 동의가 있을 때 가능하다는 조치다. 안락사를 지지하는 '자발적인 안락사협회(VES, Voluntary Euthanasia Society)'는 존엄한 죽음에 대해 지지하고 있는 가운데 모든 생명 제거가 다 살인이 아니라는 입장이다.

미국 캘리포니아 주가 '죽을 권리 법안'이라는 존엄사 법안을 시행하면서 이 지역 의사들은 2016년부터 삶을 끝낼 수 있는 약을 환자에게 처방할 수 있게 됐다. 이 약을 투약할 때 2명의 증인이 참석하되 그 중 1명은 가족이 아닌 사람이 포함돼야 한다.

우리나라 역시 임종을 앞둔 환자가 연명의료 시행 여부를 스스로 결정할 수 있는 '연명의료결정법'을 2018년 2월 4일부터 본격 시행하고

각국의 '웰다잉법' 세부 내용

분류	한국	미국	대만	네덜란드
연명의료 중단 대상 환자	사망 임박 (임종까지 2주 가량)	말기상태(임종까지 6개월가량) 오하이오 주 등 일부 지역에서는 식물인간도 가능	사망 임박	말기 상태
중단할 수 있는 의술의 종류	심폐소생술, 인공호흡기 착용, 혈액투석, 항암제 투여 등 네 가지로 한정	영양 공급 중단도 허용	심폐소생술	약물로 인한 적극적 안락사도 허용
의식 없는 환자의 의사 확인	가족 2명 이상의 일치된 진술	미리 정한 대리인의 결정	미리 정한 대리인의 결정	본인이 의사 밝혀야

자료 : 보건복지부

있다. 이에 앞서 2017년 1월 8일 '호스피스 완화의료 및 임종 과정에 있는 환자의 연명의료 결정에 관한 법률안(일명 존엄사법)'이 국회를 통과한 이후 11월 23일부터 시범사업이 진행돼 왔다. 연명의료결정법이란 환자가 소생 불능 상황에 빠졌을 때 심폐소생술 사용, 인공호흡기 부착, 혈액투석, 항암제 투여 등의 네 가지 의학적 시술을 시행하거나 치료하던 시술을 포기하는 것을 말한다.

그런데 죽음을 받아들이는 데 있어서 의미 있는 변화가 일어나고 있다. 말기암 등으로 회복 가능성이 없어 연명치료를 중단하거나 거부한 사람들이 시행 8개월 만에 2만 명을 넘어선 것이다. 시행 초 3,200명보다 7배 가까이 늘어난 셈이다. 숨이 넘어가는데 되돌린다며 흔히 사용하는 심폐소생술을 포기하는 것이다. 연명치료를 하지 않고 2017년 5월 타계한 구본무 LG 회장은 연명의료 결정에 따라 존엄사를 선택해 일생

존엄사법 시행 8개월, 연명의료 중단 결정한 환자
(단위 : 명, 2018년 2월 4일 시행, 누적치)

을 마쳤다. 구 회장은 사전연명의료의향서, 연명의료계획서를 작성하고 서명하지 않았지만 가족 두 사람이 구 회장의 뜻을 확인함으로써 법적 요건을 충족했다.

참고로 연명의료 중단을 하려면 다음과 같은 요소들을 갖춰야 한다. 보건복지부 국가생명윤리정책원에서 정리한 내용을 보면 다음과 같다.

- 중단 대상 : 치료해도 회생 가능성이 없고 사망이 임박한 환자
- 중단 가능 연명의료행위 : 인공호흡기, 심폐소생술, 혈액투석, 항암제 투여
- 중단 불가능한 의료행위 : 영양, 물, 산소 공급, 승압제 투여, 에크모 사용
- 중단할 경우 : 연명의료계획서(POLST, 말기 · 임종기 환자 작성), 사전연명의료의향서(AD, 본인 + 담당의사 확인) 필요

- 환자의 능력은 없지만 확인 가능한 경우 : ① 사전연명의료의향서 + 의사 2명 확인 ② 가족 2명 이상의 의견 일치 + 의사 2명 확인
- 환자의 의사능력이 없고 확인한 방법이 없을 때 : ① 환자 가족 전원의 합의 + 의사 2명의 확인 ② 환자가 미성년자이면 친권자인 법정대리인의 결정 + 의사 2명의 확인
- 환자의 의사 능력이 없고 환자 가족이 없을 때 : 연명의료 중단 불가

이상을 종합해 볼 때 각 나라의 법은 의사나 간호사의 '죽음 방조' 혹은 '수동적 안락사' 행위에 초점을 맞추고 있으나, 이제는 환자의 권리를 적극적으로 인정함으로써 편안하게 죽을 수 있는 환자의 권리에 초점을 맞추는 추세다. 그래서 사회적 관습이 변하고 진화하는 데 따른 법적 조치가 이뤄져야 한다는 주장도 한다. 의사, 간호사, 성직자들이 마지막 치료와 관련해 환자에 대한 의료적 판단, 그리고 가족들의 일시적·감정적 결정이 아닌 사실적 접근으로 수명 연장 여부를 풀어 나갈 때라는 인식이다.

그러나 매우 상징적이지만 미국에서는 지금도 히포크라테스 선서에서 "나는 누군가를 기쁘게 하려고 치명적인 처방을 하거나 내 환자의 죽음을 초래할 수 있는 권고를 하지 않는다"는 조항을 많이 인용한다. 다시 말해 어떤 사람의 압력에도 굴하지 않고 사람의 생명을 끊는 일을 하지 않겠다는 뜻으로, 생명을 지속시키는 것을 의사의 숭고한 의무로 여기고 있다는 사실은 많은 여운을 남긴다.

살아 있는 자의 마음속에 존재하는 것이 죽음이지만 그것을 알 수

없는 것이 인간의 한계다. 다만 '신이여, 평화를 주소서' 하며 소생할 가능성이 없는 환자를 인공호흡기를 떼고 집으로 모셔가는 '희망 없는 퇴원(hopeless discharge)'도 우리 주변에서 자주 볼 수 있다. 자신의 실존적 종말을 잘 맞이하기 위해 스스로 답을 찾을 수 있는 지혜가 필요한 것 같다.

참고자료

Carr, Deborah.(2012), I Don't want to die like that…. The Impect of Significant Other's Dead Quality on Advance Care Planning, The Gerontologist, 52(6), 770-781.

Hans, Jonas.(1978), The right to die, Hastings Center-Wiley Online Library, Report 8(4), 31-36.

Humphry, D.(1991), Final Exit, The Hemlock Society, Oregan : Eugene.

Kagan, Shelly.(2012), Death(The Open Yale Courses Series), New York : Yale University Press.

Niemira, D., Townsend, T.(2009), Ethics conflict in rural communities : End-of-life decision-making. in William A. Nelson(eds), Handbook for Rural Health Care Ethics : A Practical Guide Professional. Dortmouth College Press.

Public Agenda for Citizens(2012), www.publicagenda.org.(2012. 12. 29)

3. 죽음의 질 : 마지막 임종시 케어

사람은 누구나 죽음이 느리게 오는 것을 축복으로 여긴다. 그리고 '죽음의 질'의 문제로 품위 있는 죽음을 소망한다. 잘 죽는 것의 요체는 평화스러운 죽음이다. 이상적인 죽음은 편안한 마음 상태에서 주변을 정리하고 가족에게 부담을 주지 않으면서 사랑하는 사람들에 둘러싸여 죽는 것이 좋은 이별이다. 반대로 의식 없이 누워 있는 생명은 살아 있지만 죽은 것이다.

한국보건사회연구원이 실시한 노인실태조사에 따르면 65세 이상 노인 10명 중 9명이 연명치료를 원하지 않는 것으로 나타났다. 그러나 이와는 달리 소생할 가망이 없음에도 값비싼 치료에 매달려 생명을 연장하려는 경향은 여전하다. 한 해 동안 약 18만 명이 만성질환을 앓다가 사망하는데, 이 중에 임종 직전 심폐소생술이나 인공호흡기를 달고 사망하는 환자가 3만 명을 넘는다. 바꿔 말하면 이들 환자가 인생 마지막 귀한 시간을 제대로 가져보지 못하고 죽는다는 것이다. 죽음의 질이 좋지 않다는 것을 반영한다.

죽어감의 순간에 어떤 준비와 처방이 좋을까. 이와 관련해 환자가 처한 위험한 상태에서 의사나 가족들이 삶의 마지막 순간에 충분한 대화가 필요하다는 보고서가 나왔다. 영국 왕립의사협회(Royal College of

Physicians, RCP)가 낸 '죽음에 대해 이야기하다(Talking about dying)'라는 보고서에서 의사들은 환자와 죽음에 대해 일찍 자주 이야기해 주어야 한다고 했다. 대개 사망자들이 한 달 이상 병원에 입원하게 되는데, 이때 의사는 최후의 완화치료(end-of-life care) 차원에서 환자와 가족들과의 충분한 대화가 자주 있어야 한다는 것이다. 특히 RCP의 앤드류 고다드(A. Goddard) 교수는 죽음에 대해 솔직히 얘기를 꺼내는 것이 어려운 일이지만 의사는 일 년 이내에 죽을 수 있는 사람들에게는 슬픈 일이지만 사망할 가능성을 미리 알리고 생명에 대한 선택권, 죽음에 대한 준비를 하도록 돕는 것이라고 했다.(http://www. bbc.com/news/health-45902794, 2018년 10월 19일)

한편, 이 보고서에서 영국의 일반의료위원회(General Medical Council, GMC)는 죽음의 준비 차원에서 그리고 진솔한 대화를 위한 환자의 마지막 삶의 상태를 다음과 같이 상정하고 있다.

- 일 년 안에 죽을 가능성이 크다.
- 점진적인 불치의 병 상태가 지속되고 있다
- 죽음에 이르는 데는 여러 조건이 있지만 전반적으로 위험한 상태에 있다.
- 병세의 갑작스런 악화로 사망에 이를 수 있다.
- 갑작스런 사건으로 생명의 위협을 받는 심각한 상황에 처해 있다.

사실 죽어가는 사람에게 어떻게 죽어야 하는지를 어떤 방법으로 말할까. "좋은 죽음이란?" 이것은 인생에서 가장 큰 질문이다. 그러나 환자들은 삶의 끝에서 명확한 대화를 통해 자기 삶의 가치를 돌아보게 된다. 의사들은 적당한 시기와 방법으로 환자와의 측은지심과 자신감 있는 대화가 필요하다. 그럴 때 의사는 만성질환 또는 말기질환자를 치료하는 데 가능한 치료계획서를 세울 수 있다는 것이다.

또한 죽음의 질과 관련해 빼놓을 수 없는 것이 통증완화치료다. 말기 암환자에게 가장 필요한 서비스는 통증을 줄여 주는 것이다. 통증을 조절하면서 인생을 정리하는 것이 중요하다.(EIU, 2010) 평소에는 전문가의 상담을 받거나 명상, 요가 등을 통해 심리적인 안정을 유지하는 것도 포함된다. 이런 서비스를 의학계에서는 통상 '완화의료(호스피스)'라고 한다. 또 이와 비슷한 완화치료(palliative care)란 말기 암환자의 통증을 줄이고 신체적·심리적·영적 영역을 포괄적으로 평가해 환자 관리 서비스를 제공하는 것을 말한다. 질병치료가 아니라 환자와 가족의 삶의 질 향상에 목적이 있다. 마지막 가는 길(임종 단계)에 호스피스 전문인들에게 도움을 받을 수 있는 제도다.

세계보건기구(WHO)는 호스피스를 "통증과 신체적·심리적·영적 문제를 미리 파악해 고통을 예방하거나 줄여서 환자와 가족의 삶의 질을 높이는 것"으로 정의한다.(ASHP, 2002) 특히 호스피스의 역할은 ▷환자를 아프게 하는 통증이나 증상을 완화하고 ▷죽음을 자연스러운 과정으로 받아들이도록 돕거나 ▷환자가 죽기 직전까지 적극적으로 활동할 수 있도록 돕는 것이다. 많은 나라들이 호스피스 활동을 지원하는 의료제도 확립을 강조하고 있는 것도 같은 맥락이다. 최근에는 호스피

스와 함께 완화의료와 치료를 하나로 묶은 통합 형태로 발전하고 있다.(Sinclair, 2007)

여기서 용어 사용에 관심을 가질 필요가 있다. 비슷한 설명으로 환자들이 느끼는 '통증(pain)'과 '고통(suffering)'이라는 용어의 의미가 좀 다르다. 이를테면 복용하는 약은 고통의 일시적 완화(palliation)을 가져올 수 있다. 여기서 '완화'라는 단어는 라틴어 팔리움(pallium)에서 왔는데, 그 뜻은 '착한 목자'라는 의미도 있지만 무엇으로부터 '피하다, 줄이다'는 뜻이다. 완화치료는 잠시 질병의 고통에서 증상을 약간 줄이는 '완화'이지 실제로 치료하는 것은 아니다.

그런데 현행 의료제도는 환자의 통증을 완화시키는 데만 집중되어 있다.(Morris, 1998) 의료(치료)가 환자의 통증을 완화시키는 데 초점을 맞춰 왔다면 향후에는 환자의 참을 수 없는 '고통'을 이해하고 보살펴야 한다는 것이다. 재택 호스피스 의료는 환자에 대한 편안함과 보살핌을 제공하는 것으로 통증 완화에 중점을 두는 제도다.

따라서 환자의 통증을 포함한 고통의 해소는 의료 상담에 있어서 중요한 이슈다. 적절하고 신속한 통증 제어는 암 통증 치료의 주요한 목표 중의 하나로 꼽힌다. 이때 신속하고 만족스러운 고통 관리에는 주로 모르핀이 투여된다.(MERITO Study Group, 2008) 말기 암환자 통증 관리에는 마약성 진통제가 쓰이는데 세계보건기구에 따르면 한국은 국민 1인당 모르핀 사용량이 1.2mg으로 세계에서 62위다. 1위는 오스트리아 153.4mg, 미국은 76.7mg이다. 마약성 진통제 사용이 적다는 것은 환자들이 그만큼 심한 고통을 받다가 세상을 떠난다는 뜻이다.

"저승길이 그리 어려운가. 눈감고도 가는 길이니 염려 말고 잘 가게."

■ 호스피스제도 확대가 절실하다

세계보건기구를 비롯해 선진국들은 말기 환자의 웰다잉과 가족의 고통을 줄이기 위해 호스피스제도를 확대할 것을 권고하고 있다. 문제는 그렇게 되려면 무엇보다 호스피스 병동이 많아져야 한다. 호스피스 병동을 마치 '죽으러 가는 곳'이 아니라 삶을 편안하게 마감하는 곳으로 느껴지도록 하는 일이다. 어떤 이는 병원 요양원을 '지옥 같은 세상'으로 보고 있다. 사회학자 어빙 고프만(Goffman, 1961) 역시 요양원과 군대 훈련소, 고아원, 정신병원 등의 보호시설(Asylums)을 교도소와 비슷하다고 지적했다.

노인들은 각종 질병에 대한 치료 여부, 서비스 돌봄을 선택하는 데 있어서 어려움을 겪는다. 충분한 정보를 통해 노인 자신이 자유롭게 동의할 수 있는 자세한 정보는 물론 시간과 기회를 제공받지 못하고 있다. 때로는 수년 전에 생의 마감치료와 돌봄에 대해 특별히 당부해 놓았음에도 불구하고 그런 결정이 무시될 수도 있다. 그런 이유로 건강권에 관한 유엔특별보고관(UN Special Rapporteur)은 돌봄 제공자가 노인의 동의를 보장하는 데 중대한 역할을 한다는 점과 노인과의 의사소통과 관련된 훈련 부족에 대해 언급한 적이 있다.

그러나 우리의 현실은 열악하다. 사람들은 존엄하게 죽기를 희망하지만 현실은 그렇지 못하다. 누구나 "나는 평화스럽게 죽을 수 있을까"

하지만 그 대답은 아직 아니다. 이런 완화의료제도가 우리나라에서 폭넓게 정착된 것도 아니다. 말기 암환자의 경우 완화의료서비스(호스피스 전문병원)를 받으며 죽는 사람은 한국인들의 경우 9%에 지나지 않는다.

참고로 우리나라는 1965년 강원도 강릉의 수녀들이 호스피스 진료를 시작한 이후 1975년 김수환 추기경이 세운 판자촌 지역 빈민병원에서 호스피스 봉사가 이루어졌다. 현재 전국에 운영 중인 호스피스 의료기관은 34곳에 불과하다. 미국은 2009년도 이미 암사망자를 포함한 전체 사망자 중 41.6%가 호스피스제도, 즉 완화의료서비스를 이용한다는 사실에서 우리나라는 아직 미약한 수준이다. 호스피스제도를 활성화할 때 고통 없는 편안한 죽음으로 인도할 수 있다. 호스피스 케어는 분명히 비용을 줄이고 환자의 고통을 덜어주는 제도임에 틀림없다.

환자(말기 암환자)의 치료는 의사, 호스피스, 사회복지사, 간호사, 봉사자 등 팀 어프로치(team approach)로 접근해 고통을 줄여 나가는 것이 시급하다. 구체적으로 팀 중심의 운영은 의료적 접근을 돕는 환자의 주치의, 간호사, 건강관리사, 사회복지사, 성직자, 심리상담원, 자원봉사자 등이 포함된다.(NHPCO, 2012) 호스피스 케어의 확대는 고가 병원 치료를 대체하는 효과를 얻을 수 있기 때문이다.

참고자료

ASHP(American Society of Health-System Pharmacist, 2002), "ASHP Statement on the Pharmacist's Role in Hospice and Palliative Care", American Journal Health-System Pharmacist, 59, 1770-3.

EIU.(2010), Worldwide Quality of Death : Economist Intelligence Unit White Paper.

Goffman, J(1961), Asylums : Essay on Social Situation of mental patients and Other Inmates, New York : Doubleday.

Morris, David B.(2000), Illness and Culture in the Postmodern Age, CA : University of California Press.

MERITO Study Group.(2008), The MERITO Study: A multicentre trial of the analgesic effect and tolerability of normal-release oral morphine during 'titration phase' in patients with cancer pain, Palliative Medicine, vol. 22. 214-221.

Morris, D.(1998), The culture of pain, Berkley: University of California Press.

NHPCO(National Hospice and Palliative Care Organization, 2012), "About Hospice and Palliative Care, www.nhpco.org.(검색일 : 2012. 12. 23)

Sinclair, P.(2007), Rethinking palliative care : A social valorisation approach, Bristal : Policy Press.

4. 죽음의 의료화·제도화 문제

인간은 한 번의 생을 부여받았을 뿐이어서 죽음을 어떻게 받아들일까 하는 문제는 우리가 살아가는 삶의 가치, 양심, 의료적 판단, 윤리 문제와 깊은 연관성을 갖는다. 또한 평균수명이 늘었지만 오히려 외로운 죽음은 점점 늘어나고 있는 것도 사회적 특성이다.(Elias, 2012) 죽어가는 사람과 노인들을 사회로부터 격리시키고 있다는 지적이다. 개인적으로 평균수명이 늘어나는 것이 바람직하겠지만 사회적으로 좋은 일만은 아니라는 뜻이다. 무한한 생명은 심각한 일이고 어떤 특별한 의미도 없는 것, 그래서 생명 연장 등 치열한 싸움을 통해 환자가 얻는 것은 과연 무엇일까 하고 곰곰이 생각해 볼 때다.

이와 관련해 현대 사회에서 죽음의 문제를 다루는 영역을 크게 세 부분으로 나눌 수 있다. 그것은 죽음의 종교화·신화화, 죽음의 의학화, 그리고 죽음의 교육화로 볼 수 있다.(천선영, 2012) 죽음의 종교화·신화화는 죽음을 신비화·절대화하거나 종교의 초월성과 맥을 같이 한다. 죽음의 의학화는 죽음을 타자화하면서 의학이 질병을 치료하며 죽음을 판단하는 도구적 수단이 된 것을 말한다. 죽음의 교육화는 장수시대에 잘 먹고 잘 늙고 잘 죽자는 웰빙 개념이 겹치면서 죽음의 교육이 필요하다는 시각이다.

따라서 죽음의 의료화·제도화는 의학적 차원에서 다뤄지는 분야다. 죽음과 관련한 의학기술의 적용 및 환자에 대한 간호, 그리고 환자의 생명권 선택 등 죽음의 과정에서 의미 만들기에 해당하는 영역이다. 죽어가면서 개인과 사회가 피할 수 없이 부딪치는 고통의 완화 문제, 죽음의 확정, 생명의 유한성과 불멸성(가능성)에 대한 인식 등 죽음에 관한 문제는 한두 가지가 아니다. 죽음이 절대적 종말인가, 죽음이 자연스런 현상인가, 아니면 생명을 더 연장할 수 있다면 그 전략이 타당한가에 대한 논쟁도 죽음의 의료화와 제도화와 맥을 같이 한다. 죽음의 의료화와 제도화는 노화와 질병, 의료화, 심리치료화 과정과 겹쳐지는 근대적 죽음에 대한 담론이다.

■ 죽음의 의료화

인구 고령화와 죽음의 관련성은 새로운 사회 문제로 등장하고 있다. 1970년대 중반 이후 죽음에 대한 논쟁에서 죽음의 의료화(medicalization of death and Dying) 문제가 주목받고 있다. 이런 죽음의 의료화는 우선 심장마비, 뇌졸중 또는 고관절 골절로 인하여 중환자실로 급히 후송된 환자들에 대한 문제이고, 둘째는 노년 후기에 신체가 노쇠하면서 나타나는 퇴행성 및 만성질환을 앓고 있는 노인 환자들이 주요 대상이다.

죽음의 의료화는 삶과 죽음에 대한 의학기술의 과도한 개입이라는 측면을 다룬다. 누구나 병원에서 죽고 그것도 치료받는 과정에서 죽는 것이 현대인의 모습이다. 죽음의 의료화에 있어서 완화치료의 목적은 인간 존엄을 위해 필요하지만, 한편에서는 의료 비용이 증가되고 의사들은 죽어가는 환자에 대한 생명 연장술 적용 여부를 놓고 고민하게 된다. 죽어가는 환자에게 의사, 간호사, 가족들이 어떻게 균형 있게 대처해야 할지 망설여진다는 얘기다.

현대의학이 생명을 연장할 수 있는 기회를 만들어 주지만, '죽어감'에 있어서 존엄을 지킬 것인가 아니면 자비를 베푸는 듯한 안락사를 어떻게 볼까 하는 문제가 대두된다. 한마디로 생명 연장 문제는 우리가 과연 원하는 방법일까. 다시 말해 죽음이 의료화 이벤트가 되어 가는 현상에 대한 긍정적·부정적 논쟁이 한창이다. 까다로운 문제지만 비인간적인 의료화는 편안하고 품위 있는 자연스러운 죽음을 방해한다. (Balducci, 2012) 오히려 단순한 생명 연장은 개인의 고통과 의료비의 증가는 물론 가족이나 주위 사람들이 겪는 고통이 커지는 반생산적이라는 논리도 있다.

결국 6개월 이내에 죽는다는 진단을 받았다면 의술에 매달리지 않는, 즉 탈의료화된 죽음을 맞이하자는 데 있다. 덴마크 영화 〈사일런트 하트〉(2014, 빌 어거스트 감독)에서는 이 시대를 반영한 존엄사 문제를 다루고 있다. 죽음을 앞둔 어머니(에스더)는 마지막 시간을 보내는 가족들의 슬픈 감정과 이별, 병세가 악화되면서 자신의 병을 받아들이며 존엄사를 택하는 모습이다. 죽어가는 마지막 순간에 두려움 없이 가족의 사랑을 받으며 품위 있는 죽음에 대한 진지한 성찰을 이끌어 낸 영화다.

반대로 회생 가능성이 희박한 의식을 잃은 중환자실의 환자 모습을 떠올려보자. 사망 직전까지 CT, MRI, PET 촬영 등 각종 검사를 진행한다. 급해지면 심폐소생술을 쓰는 일, 숨길을 뚫어 '기도 삽관'으로 숨을 쉬게 하는 일, 혈액 투석, 혈압을 유지하는 승압제를 쓰거나 영양제를 투여하면서 생명 연장을 시도하지 않는가. 의료진은 회생 가능성이 희박한데도 의료적 치료를 중단할 수 없다는 의무감, 가족들의 무조건 살려보자는 의지 등이 맞물려 생명 연장으로 이어진다. 그러나 지속적 '식물인간' 상태에서 며칠 혹은 몇 개월 고통 속에 지내다가 죽게 된다. 현대의학과 의사, 가족들이 죽어가는 생명을 연장해 보려고 하지만 죽는다.

연명치료는 오히려 의사가 죽음의 기회를 빼앗는다는 비판도 있다. 말기 암환자들은 힘든 치료보다 "빨리 고통 없이 죽고 싶어, 잠들듯이 죽고 싶어" 하며 절망할 것이다. 중요한 것은 자신의 생명에 대한 결정권의 문제다. 생명 윤리는 보호자의 욕구보다 개인의 권리이고 자기결정의 자율권이다. '죽을 권리'는 혹시라도 있을 연명치료의 자기선택권을 인정하자는 것이다. 하지만 죽음의 의료화는 죽음을 며칠 늦출 수 있겠지만 동시에 또 다른 고통의 시작임을 반영한다.

이때 간과하지 말아야 할 것은 의사들이 죽음을 의학적 지식의 대상으로만 보는 것은 위험한 일이다. 임종 과정에서의 의료비 부담, 환자와 가족들의 고통 등 사회적 비용이 크다고 해서 생명권에 대한 의학적 결정을 쉽게 내릴 수 없는 일이다. 연명치료, 의료집중치료, 치료 중단에 있어서 자칫 고령의 나이 때문에 혹은 경제적 이유가 개입돼서는 안 된다. 분명한 것을 죽어가는 사람일지라도 숨을 완전히 거두기까지는 존엄한 인간으로 취급되어야 한다는 사실이다. 생명 연장 여부가 단순히 사회경제적 불평등이 개입해서는 안 된다는 뜻이다. 품위 있는 죽음을 맞이하는 것은 빈부와 귀천을 가릴 수 없는 인권이기 때문이다.

■ 죽음의 제도화

죽음의 제도화(institutionalization of death)는 임종 환자로 하여금 좋은 죽음을 맞이할 수 있도록 의학 및 돌봄에 대한 바람직한 제도를 마련하여 실천하는 것을 의미한다. 임종 환자와 의사, 간호사 그리고 지역사회를 기반으로 하여 임종 환자의 고통을 줄이고 편안한 죽음을 맞이할 수 있도록 뒷받침하는 제도를 만드는 데 목적이 있다. 특히 임종 환자에 대한 집중치료 시 의학적 기술의 적용문제(심폐소생술, MRI 등), 간호 체계의 효율화, 호스피스 조직의 유지 등을 골자로 한 좋은 죽음을 맞이할 수 있도록 배려하는 틀을 마련하는 것을 의미한다.

죽음의 제도화는 1965년 이후 미국에서 처음 도입된 개념으로, 사망하기 전의 가정간호 혹은 요양병원에서 지내는 중환자들에 대한 배려 차원에서 이루어졌다. 역설적으로 좋은 죽음을 방해하는 요소들이 무엇인가 하는 문제의식에서 출발해 중환자들에 대한 편안한 죽음을 맞이할 수 있도록 돕자는 의미에서 시작되었다. 입원환자의 호스피스와 간호사가 자신의 작업 환경에서 스트레스를 받지 않고 죽어갈 수 있도록 돕는 것, 환자에 대한 최대의 배려와 대처 방안을 마련하는 것이 죽음의 제도화 개념이다.

환자가 깊은 병으로 시간이 얼마 남지 않는 마지막 상태에서 특별한 조치 및 다차원적(생물, 심리, 사회, 영성) 치료가 요구되는 것을 반영하는 조치들이다. 음침한 사망의 골짜기에 들어섰을 때 인간의 지성과 이성을 넘어 정신적 안정은 물론 영혼에 반응하는 도움이 필요한 것이다.

그럴 때 임종 환자는 육체적 고통을 넘어 영적으로 편안한 상태에서 죽음을 맞이할 수 있다. 실제로 짐머먼(Zimmermann, 2012)은 죽음의 수용에 대한 담론 분석을 통해 죽음에 저항하기보다는 환자나 가족들이 완화치료 중에 죽음을 자연스럽게 받아들일 때 심리적·정신적 평온상태에서 평화롭게 생을 마감한다는 사실을 밝혀냈다.

따라서 환자에 대해 심리적이고 영성적인 방법을 동원하여 신속하게 정성껏 치료하는 일이다. 더구나 죽어가는 사람에게 영적으로 편안한 죽음을 맞이할 수 있는 배려가 필요하다는 사실에서 죽음의 제도화 문제는 다음과 같은 내용이 포함되어야 할 것이다.

첫째, 죽음의 제도화는 임종 환자를 효율적으로 관리하기 위해 공유 가치체계를 만들어 좋은 죽음을 맞이하도록 돕는 일이다. 연명치료 중단 등의 제도화는 죽음의 문화를 개선해서 존엄한 죽음을 맞이하도록 유도하는 데 있다. 이를 위해 병원 자체의 환경 개선은 물론 문화적 맥락에서 죽음을 둘러싼 고통을 해결하는 의사, 간호사, 가족들 간의 공유가치체계(shared value system)를 만들어 좋은 죽음의 환경을 만들어 가는 것이다.

둘째, 죽음의 제도화는 병원이나 요양병원에서 죽어가는 사람들에 대한 배려 차원에서 이루어져야 한다. 우리가 경험하는 것이지만 요즘

대부분의 사람들이 가정 밖의 기관(병원, 요양원)에서 사망한다. 이런 기관들은 임종하는 사람들이 겪는 두려움, 죽음에 대한 충격을 흡수하는 곳이다. 집에서 자기 침대에서 죽기를 소원하지만 영국의 경우 환자의 60%가 병원 침대에서 죽는다. 미국에서도 70~80%가 병원에서 생을 마감한다. 중환자실에 입원한 환자들은 6~7개월을 넘기기가 어렵다는 사실에서 그들에 대한 편안한 죽음을 맞이할 수 있는 병원과 요양원의 효율적이고 제도적인 뒷받침이 있어야 한다.

셋째, 죽음의 제도화는 임종 환자들로 하여금 고통을 견뎌 낼 수 있도록 제도적으로 돕는 일이다. 죽어가는 사람에 대한 호스피스 확대, 완화치료와 관련된 시설, 병간호 문제 등을 제도화하는 것이다. 악성질병으로 죽어가는 사람들 중에 65%가 고통을 겪으며 죽는다는 점에서 완화치료가 중요하다. 죽어감에 따르는 통증을 완화하고 두려움과 외로움을 극복하는 일이다. 이를 위해서는 호스피스 완화의료비에 대한 국가 지원이 뒤따라야 한다. 참고로 우리나라의 경우 호스피스 완화의료는 2015년 7월부터 보험급여를 적용받아 경제적 부담을 다소 덜 수 있게 되었다.

넷째, 죽음의 제도화는 임종 환자로 하여금 종교적 신앙을 갖도록 하는 종교적 지원이 필요하다. 인간은 종교적 동물이다. 인간은 영적 존재로서 영성을 소유하는 유일한 피조물이다. 런던 칼리지 해부학과 루이스 월퍼트(Wolpert, 2008) 명예교수는 무신론자요 진화론자이지만 인간에게 '믿음의 엔진(belief engine)'이 있기에 신을 믿는다고 했다. 영성과 종교, 건강과 죽음, 환자와 치료자는 매우 밀접한 관계를 갖는다.(Koeing, 2004) 인간은 종교에 귀의함으로써 마지막 생명을 신에게 맡기고 안정을 찾으며 숨을 거둔다. 특정 신앙을 가질 때 평화롭게 죽을 수 있을 것이다.

다섯째, 죽음의 제도화는 사망선언 이후에는 사망진단서 작성, 의료장치 제거, 영안실 안치 등 15~20분에 걸쳐 처리할 매뉴얼이 제도화되어야 한다. 사회문화적으로 수천 년간 지속되어 온 장례절차와 의식들이 요즘은 장례식장 영업에 내맡기는, 장례지도사에 의해 진행된다.(Elias, 2012) 장례비도 적지 않다. 저승 가는 데도 많은 비용이 든다. 시신은 가족, 친지, 친구의 손을 떠나 돈을 받고 일하는 전문인의 손에 맡겨져 처리되고 있다.

특히 유족들이 화장이냐 매장이냐를 놓고 고민하게 되는데, 사망한 사람의 사회적·경제적 지위, 그리고 자손들의 경제력에 따라 호화묘를 만들어 매장하거나 아니면 대부분 시신을 화장하여 납골당에 안치하거나 수목장을 하고 있다.

이 모두가 죽은 자에 대한 가족과 친지들이 베푸는 마지막 행사다. 하지만 가족들은 장례의식의 진정한 의미를 상실한 채 죽은 자로부터 보다 신속하게 고통에서 벗어나고자 하는 것이 장례식장의 풍경이다.

■ 국가에 의한 죽음의 판정

죽음이란 최소한 인간에게 단순한 생물학적 손실이다. 죽음과 싸워 이겨야만 하는 어떤 힘도 오래 지속될 수 없다. 죽음은 생명의 마지막 질병의 끝이자 의학적 치료의 끝이다. 죽음을 넘어서려는 욕망이 크지만 그만큼 신체 노화 등 삶의 매력 역시 상실된다. 죽음은 예정된 패배다.

철학자 다니엘 칼라한(Callahan, 2012)은 미국 사람들이 노화와 죽음의 필연성을 포함한 자연적 죽음을 잃어버린 상태가 아닌가 하고 묻는다. 질병을 이기고 건강하게 오래 살고자 하는 욕망이 크기에 치열하게 죽음과의 싸움을 벌인다. 나아가 생명의 욕구와 생물학적 죽음 사이의 불일치는 의사, 간호사, 가족들에게 가장 어려운 선택의 순간이기도 하다.

그런 점에서 의학은 고령화와 죽음, 죽어감에 대한 '의료화' 문제가 제기되는 것이다. 완화치료, 죽음의 선택, 임종의 법적 규정, 복지문제 등 모든 것이 사회/정치화되고 있는 현실이다. 문제는 인간의 운명적 유한성에 대한 인식이다. 임종 과정에서 어느 시점을 인간의 죽음으로 인정하는가.

즉 '임종의 법적 의미'란 무엇인가 하는 점이다. 흔히 병원에서 의사가 마지막으로 던지는 말, "죄송합니다. 영면하셨습니다"로 죽음의 판정은 끝난다. 그러나 구체적으로 세계의학협회(WMA)와 미국 메디케어 프로그램 및 덴마크에서 제정된 죽음의 판정(diagnosis of death) 혹은 임종 선언(terminal declaration)은 '말기 판정 시점에서 6개월 이내의 기대수명을 가진 상태'라고 정의하고 있다. 미국은 사망 시기를 맥박과 호흡이 중지되거나 뇌사일 경우를 죽음으로 인정한다. 모두 '돌이킬 수 없는(irreversible)' 상태에 이르렀을 때다.

앞에서도 언급했지만 우리나라 역시 2016년 1월 8일 '호스피스완화의료 및 임종 과정에 있는 환자의 연명의료결정에 관한 법'이 국회 의결을 거쳐 최종적으로 확정되어 2018년부터 2월부터 시행되었다. 이 법의 적용 대상은 '임종 과정'에 있는 환자들이다. 이는 의학적 시술로는 치료 효과가 없는 경우에 연명치료를 거부할 수 있도록 했다. 존엄사 같은 형태가 증가하는 데 대한 웰다잉법이 필요한 이유다.

이러한 생과 죽음을 이해하는 세 가지 관점은 ▷ 동물적인 관점(animalism)으로 동물과 같은 생명체로서 각종 질병 속에 육체가 소멸되는 것이다. ▷뇌사의 관점으로 자기 인식 능력이 상실됐을 때다. ▷심장의 정지 상태다. 따라서 죽음의 판정은 일반적으로 ▷맥박 종지설로 심장이 영구히 멎은 상태다. ▷호흡 종지설로 숨이 정지된 상태다. ▷뇌사(뇌간)설로 뇌 기능이 상실된 상태다. 두뇌 인식 능력이 소멸하는 이른바 비존재 상태(state of nonexistence)를 의미한다.

참고자료

천선영(2012), 《죽음을 살다 : 우리 시대 죽음의 의미와 담론》, 서울 : 나남.

Balducci, L(2012), Death and Dying: What the Patient Wants, Annals of Oncology, 23(3), 1156-1161.

Callahan, D(2012), The Roots of Bioethics : Health Progress Technology Death, Oxford : Oxford University Press.

Elias, N(1985), The Loneliness of the Dying, Oxford: Basil Blackwell.

Goffman, Erving(1961), Asylums : Essays on the Social Situation of Mental Patients and Inmates, New York : Anchor Books.

Wolpert, Lewis(2008) Six Impossible Things before Breakfast : The Evolutionary Origins of Belief, New York : W.W.Norton&Company.

Koeing, Harold G.(2004), Religion, Spirituality, and Medicine : Research Finding and Implication for Clinical Practice, Southern Medical Journal. 97(12), 1194-1200.

Zimmermann(2012), Acceptance of Dying : A discourse analysis of palliative care literature, Social Science&Medicine, 75(1), 217-224.

The Economist, Intelligence Unit(EIU, 2015), The 2015 Quality of Death Index : Ranking Palliative Care Across the World(Lien Foundation).

5장
사회적 죽음

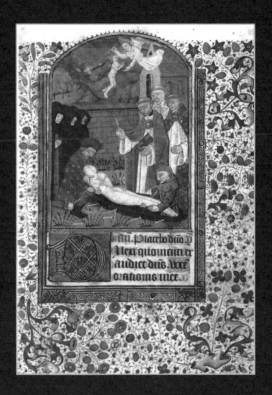

개인적 심판 어떤 귀족 부인의 기도서 루앙 1480년

긴 세월 끝에 인간도 마침내 노년과 만년에 이른다.

우리의 노년은 편치 않은 삶으로 변할 수 있다.

갇혀 인간으로 살다가 결국 홀로 삶을 마감하는 것이다.

어려움을 참을 수 있는 역경지수(adversity quotient) 혹은

고통의 지수를 이겨내지 못하고 가족도 없이,

안락의자도 벽난로도 창고도 없이 생을 포기하는 것이다.

죽음에는 자연사, 뇌사, 안락사, 병사, 자살, 사회적 타살, 변사, 살인, 의문사, 사형 등으로 다양하다.(이준일, 2015) 죽음은 개인의 문제가 아닌 사회적 차원으로 결정될 수 있다. 모두가 목격하는 일이지만 이런 사회적 죽음은 도처에서 일어나고 있다. 사회적 죽음은 언제 생길지 모르는 불의의 사고로 죽는 상태를 말한다.

오늘날 죽음의 상당수는 범죄, 사고, 빈곤, 제도 미비, 비리 등으로 인해 발생하는 것이어서 법으로 보장받아야 할 사회적 사건과 연관되어 있다. 대형 사건사고로 인한 죽음이 그렇다. 경제적 결핍 혹은 치명적인 질병을 앓는 사람들의 자살도 마찬가지다. 과연 우리가 어떻게 살다 어떻게 죽을지 아무도 모르는 일이다.

1. 핵가족화와 홀로사망(고독사, 무연사)

"영원한 생명을 누린다 해도 행복한 것은 아니다."

저출산 고령화로 인한 가족 해체가 진행되고 있다. 서구화·도시화·산업화가 되면서 가족 형태가 핵가족(nuclear family), 부부만의 가정(conjugal family) 혹은 독신가족(single family) 형태로 변하고 있다. 핵가족화로 인해 가족공동체 의식이 크게 약화되는 경향을 보이면서 동시에 노인들은 사회적·심리적 고립과 소외감정을 느끼며 살아가고 있다.

고령자들에 대한 사회의 부정적 시각이 늘어나면서 가정에서조차 '늙은이는 짐'이라는 편견이 팽배하다. 1983년에 만든 일본 영화 〈나라야마 부시코(楢山節考)〉는 부모가 70세가 되면 부양하지 않고 산에 갖다 버리는 내용이다. 일본의 '유령고령자' 문제를 놓고 2010년 8월 26일자 〈슈칸신쵸(週刊新潮)〉는 부모 버리는 풍습을 이 영화에 비유한 바 있다. 사회적으로 우리는 노인 학대에 방관자이거나 공범자들이거나 아니면 구경꾼들이 아닐 수 없다.

물론 노인들에게도 문제는 있다. 가족을 기억 못하는 노인, 죽어간다는 사실을 알면서도 요양원에 가는 것을 거부하는 노인들이 많다. 늙어서 몸을 맡기는 요양원이나 노인복지원에 가 보면 버림받은 노인 같은 인상을 지울 수가 없다. 현대시설을 갖춘 안락한 요양원도 있지만 대개 양로원은 냄새가 나고 무기력한 실낙원 같은 모습이다. 요양원은 고장난 벽시계와 같이 더 이상 에너지가 흐르지 않는 곳이다. 활기찬 삶을 살아가지만 어느 때부터 '고독한 죽음' 상태에 빠지게 된다.

이러한 노인들의 현실은 고독사 혹은 무연사(無緣死)의 배경이 된다. 최근 여러 나라에서 무연사 혹은 홀로사망 노인들이 늘어나면서 사회 문제가 되고 있다. 장수시대에 나홀로 가구가 확대되는 가운데 무연사로 죽어가는 사람이 많아지는 현상이다. 일본의 경우 무연사로 죽는 사람이 한 해 동안 3,200여 명에 달한다고 한다.

비슷한 예로 가족이나 가까운 연고자 없이 쓸쓸히 홀로 죽어가는 고독사도 마찬가지다. 독거노인들이 홀로 살다가 죽는 고독사는 세계적인 현상이다. 독일 사회학자 노베르트 엘리아스(Elias, 2012)는 《죽어가는 자의 고독》에서 평균수명이 늘어나지만 외로운 죽음은 점점 늘어가는 사실에 주목하며, 현대 서구사회가 젊음과 건강을 강조하지만 죽음과 노화를 은폐한다고 했다.

그런가 하면 유령고령자도 늘고 있다. 일본 사회의 고령화 비극이 놀랍다. 일본에서는 2010년에 이미 100세 이상 유령고령자가 400여 명을 넘었다. 조사대상을 70~80세로 낮추면 얼마나 충격적인 결과가 나올지 모른다. 유령고령자란 이미 죽은 사람이지만 주민등록상 살아 있는 사람이다. 다시 말해 죽었는지 살아 있는지 확실하지 않은 사람이다.

한 가지 예를 들어보자. 2010년 8월 18일 도쿄 오타구 구청직원이 104세 할머니 집을 찾아갔다. 어렵게 아들을 만났지만 어머니는 2001년에 이미 사망했으며, 지금 살고 있는 집으로 이사할 때 시체를 큰 가방에 넣어 옮겨 왔다고 한다. 아들은 2004년까지 어머니 앞으로 나오는 '노령연금'을 타기 위해서였다. 노인문제에 빈곤까지 겹쳐 일어나는 사건들이다.

일본 영화 〈고독사〉(2011)는 이렇게 외롭게 죽는 사람들을 조명했다. 고독사로 죽은 사람의 유품을 정리하는 젊은이가 죽음을 대면하면서 사랑과 죽음, 그리고 자신의 삶에 대해 이해하는 작품이다. 장수사회에서 나타나는 무연사(고독사)에 대한 사회 문제를 고발하고 있다.

결론적으로 긴 세월 끝에 인간은 마침내 노년과 만년에 이른다. 우리 노년은 편치 않은 삶으로 변할 수 있다. 갇혀서 살다가 결국 홀로 삶을 마감하는 것이다. 어려움을 참을 수 있는 역경지수(adversity quotient) 혹은 고통지수를 이겨내지 못하고 가족도 없이, 안락의자도 벽난로도 창고도 없이 생을 포기하는 것이다. 사회 발전 과정에서 나타나는 현대인의 숙명을 말해 주는 듯하다. 우리는 늙고 죽어가는 방법을 완전히 새롭게 배워야 할 것 같다.

참고자료

이준일(2015), 《13가지 죽음》, 지식프레임
Elias, N(1985), The Loneliness of the Dying, Oxford: Basil Blackwell.

2. 개인 자살

"세상에 단 하나뿐인 생명을 왜 그렇게 쉽게 포기할까?"

도대체 왜 죽는가. 가난 때문에, 치명적인 질병 때문에, 권태와 우울증으로, 심지어 명예와 존엄 때문에 죽음을 택한다. 그리고 크고 작은 사건사고, 전염병, 전쟁으로 인한 죽음이 도처에서 일어나고 있다. 죽음의 일상성은 사회구조와 문화와 무관치 않아 지나친 개별화와 과도한 경쟁으로 인한 병적 자살이 나이에 관계없이 유행처럼 번지고 있다.

특히 매스컴을 통해 짐작하듯이 최근 들어 젊은이들로부터 노인에 이르기까지 자살자가 늘어나고 있다. 대부분의 경우 건강 상실이나 정서적 불안 속에 현재 닥친 고민을 해결하지 못할 때 우울증과 상실감을 느끼던 중 자살하게 된다. 또한 죽음의 형태로 자살을 비롯해 각종 사건사고는 사회구조와 무관치 않다. 사회적 죽음은 사회적 관계가 끊어진 상태, 즉 자살, 대형 사건사고로 인한 죽음들이 사회적으로 연결된 것이다. 사회적 죽음은 '사회적 구조' 문제와 맞닿아 있다.

그럼 자살(suicide)이란 무엇인가. 해석이 분분하지만 자기 자신(sui)을 죽이는(cædo) 행위로써 삶과의 싸움에서 막다른 절벽으로 떨어지는 자유행위다. 프랑스 사회학자 에밀 뒤르켐의 《자살론》(1997)에는 이기적 자살, 이타적 자살, 아노미적 자살, 숙명적 자살로 나눠 놓았다. 반면

프랑스 사회학자 마르치오 바르발리(Marzio Barbagli)의 《자살의 사회학》(2017)에서는 이기적 자살, 이타적 자살, 공격적 자살, 무기로서의 자살에 대해 언급했다. 이러한 자살의 배후에는 공통적으로 우울증이 도사리고 있다는 것이다.

에밀 뒤르켐은 자살은 사회적 연대가 잘 되어 있고 사회통합이 잘 되어 있는 개인이나 집단은 자살 확률이 낮다고 했다. 영국의 문화비평가 알바레즈(Al Alvarez, 1971)는 친구의 자살을 보고 쓴 《자살의 연구》에서 자살은 개인이 사회에 적응하는 정도와 관계가 있다면서 급격한 사회변동에 대처하지 못할 때 일어나는 '사회적 타살'이라고 비판했다. 곧 자살은 세상에 대한 거부라는 것이다. 사마천은 "현명한 사람은 진실로 자신의 죽음을 중히 여긴다. 하지만 사람들이 자살하는 것은 자신이 이길 수 없기 때문이다"라고 했다.

자살하는 사람이 해마다 늘어나 세계적으로 연간 약 80만 명이 자살하는 것으로 추정된다. 그것도 리투아니아, 한국, 카자흐스탄, 벨라루스 등에서 많이 일어나고 있는데, 노인자살률은 OECD 회원국의 평균 3배에 이른다. 우리나라는 이보다 더 심각하다.

2018년도 OECD 보건 통계에 의하면 우리나라의 자살률은 인구 10만 명당 25.8명(OECD 35개국 평균 11.6명)으로 세계 1위다. 우리나라 통계청이 2018년 9월에 발표한 자료를 보면 2017년 자살 사망자수는 총 1만 2,463명으로 전년 대비 629명(48%)가 감소해 인구 10만 명당 24.3명으로 나타났다. 인구 10만 명당 남자는 34.9명, 여자는 13.8명으로 남자가 2.5배 높다. 우리나라 연도별 자살률은 2011년 31.7명에서 2015년

인구 10만 명당 자살자 수

(명)

31.2 31.7 28.1 28.5 27.3 26.5 24.3

2010 2011 2012 2013 2014 2015 2017 (년)

출처 : 보건복지부, 2018년

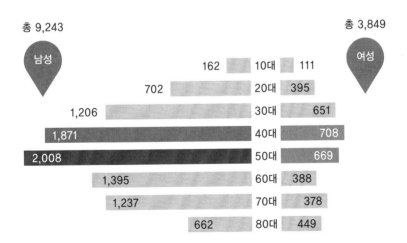

2016 연령별 자살자 수 (단위 : 명)

총 9,243

남성

총 3,849

여성

남성	연령	여성
162	10대	111
702	20대	395
1,206	30대	651
1,871	40대	708
2,008	50대	669
1,395	60대	388
1,237	70대	378
662	80대	449

자료 : 통계청(사망원인 통계, 2016년)

26.5명, 2017년에는 24.3명으로 점차 하향 추세를 보이고 있다.

또한 2016년 기준으로 연령대별 자살자 수는 남녀 모두 40~50대가 가장 많은 것으로 나타났다. 60대 이후도 자살자 수가 늘어나고 있는데 경제적 빈곤에다 핵가족화에 따른 고독, 외로움, 가족에게 부담을 주지 않으려는 의도에서 자살하는 것으로 보인다. 사망자 중에 61세 이상의 황혼자살이 늘어나고 있는 것이다.

그럼 자살하는 이유는 무엇이고, 자살로 이끄는 요인은 무엇인가. 앞에서도 언급했지만 배우자의 사망, 사회적 지위 상실, 경제적 빈곤, 건강 악화, 우울증 등에 시달리다 죽음을 택하고 있다.(safepatientproject.org) 이와 관련해 미국 플로리다주립대 심리학부 토마스 조이너(Joiner, 2007) 교수는 자살 이유로 세 가지를 꼽았다.

- 좌절된 소속감(상실감)
- 스스로 짐이라 생각하는 무능감
- 죽음의 고통을 받아들일 만한 부상(육체적 · 심리적)

특히 자살행위는 우울증과 깊은 연관성이 있다. 노인 자살의 70% 이상이 심한 우울증과 관련이 있다. 참기 어려운 통증, 배우자 사망, 경제적 궁핍 등은 우울증의 촉발 원인이 된다. 자살하는 사람 대부분은 자신감의 상실, 대인관계 기피증을 보이다가 자살로 이어진다.(Huntington and Metcalf, 1991) 세계보건기구는 2010년에 인류를 괴롭히는 가장 큰 재앙으로 우울증을 꼽았다. 2020년이 되면 우울증이 사망원인 1위를 차지해 암이나 에이즈 사망자보다 자살하는 사람이 더 많을 것으로 경고하고 있다.

어쨌든 자살은 참으로 비극적이지만 결국 불행하다는 생각에서 저지르는 행위다. 스페인 영화 〈씨 인사이드(The Sea Inside)〉(2004)의 내용이 그렇다. 주인공 라몬 삼페드르는 삶 만큼이나 죽음 또한 인간이 선택할 수 있는 고귀한 권리라고 주장한다. 결국 몸이 마비된 상태를 비관하며 당국에 안락사를 요청하지만 받아들이지 않자 친구의 도움으로 자살한다. 자살은 많은 생각과 고민, 아니면 철학적 사유를 통해 극단의 결정을 내리는 행위로 묘사되어 있다.

"스트레스 없고 걱정 없는 삶이 어디 있을까."

결국 자살하는 것은 빈곤과 장기적인 질병, 노후생활의 불안에 따른 것으로 보이며, 오늘날의 자살 동기는 경제적 어려움, 가정불화, 병고 순이다. 특히 노인층의 자살이 중년층보다 훨씬 많아지고 있다.

이렇게 '자살은 살인의 가장 나쁜 형태'라고 하지만 전체적으로 가족 간의 유대관계 등 사회적 통합이 약화되기 때문에 일어나는 불행한 죽음이다. 자신을 위한 자살은 비윤리적이며 어떤 이유로도 정당화될 수 없다. 자신의 삶을 비관하면서 왜곡된 방법으로 자살하는 것은 나쁜 죽음이다. 그래서 프랑스 작가 알베르 카뮈는 자살을 중대사건으로 보고 "철학의 근본 문제는 자살에 대해 대답하는 것"이라고 했다.

참고자료

이준일(2015), 《13가지 죽음》, 지식프레임,

Elias, N(1985), The Loneliness of the Dying, Oxford: Basil Blackwell.

Marzio Barbagli(2017), 《자살의 사회학》, 박우정(역), 서울 : 글항아리.

Al Alvarez(1990), The Savage God, A Study of Suicide. Norton Paperback.

Durkheim, Emile.(1997), Suicide : A Study in Sociology. New York: The Free Press.

Huntington, Richard and Prter, Metcalf.(1991), Celebration of Death : The Anthopology of Mortuary Ritual(2nd eds). Cambridge : Cambridge University Press. Joiner, Thomas(2007), Why People Die by Sucide, Harvard University Press.

3. 사회병리적 죽음 : 사건사고로 인한 죽음

자살 원인이 대부분 우울증과 같은 정신적 질병에 있다고 하지만, 다른 한편으로는 현재 삶이 힘들고 각박하게 살아갈 수밖에 없는 사회적 요인이 작용한다. 사회적 죽음 역시 실업률 상승, 가계부채 급증, 치열한 경쟁에서 오는 피로감, 배제와 왕따, 안전불감증 등 사회불안 요인이 크게 작용하고 있다. 사회적 죽음은 사회로 하여금 인간을 지켜주지 못한다는 의미가 있다.(Claudia Card, 2003)

특히 우리는 크고 작은 사건사고에서 혹은 의료사고 등 다양한 상태로 죽어가는 모습을 목격한다. 이를테면 1970년대 와우아파트 붕괴사고에서부터 해마다 대형 붕괴사건 혹은 화재사건, 선박침몰사건, 가스폭발사고, 열차추돌사건, 자동차연쇄충돌사건 등 대형참사가 우리 사회를 아프게 한다. 장성 효사랑요양병원 화재사건(2014년 5월 28일)으로 21명이 사망했고, 성남 판교 공연장 환풍구 붕괴사고(2014년 10월 17일)로 16명이 사망했다. 최근에 일어난 제천 화재사건(2017년 12월 21일)에서 29명이, 밀양 병원 화재사건(2017년 12월 26일)으로 45명이 사망하는 등 불의의 참사가 계속 일어나고 있다.

남의 나라 예지만 미국 질병예방센터(CDC)에 따르면 미국에서 3만 8,000명이 총기사고로 사망하고 있다. 총기사고는 인구 10만 명당 12명

꼴이다. 또 미국에서는 한 해 최대 40만 명이 의료과실로 죽는다고 한다. 미국의사협회가 발표한 연간 미국 내 의료과실 사망 원인 중 1위는 의약품의 부정적 효과(약 10만6,000명)라고 한다. 의사의 처방약을 복용하고 그 부작용으로 사망한 것이다.

우리나라 역시 무시할 수 없는 상태다. 2016년 7월 29일부터 '환자안전법'(일명 종현이법)이 시행되고 있지만 의료과실 사망이 연간 3만 9,000명(2011년 기준)으로 차량사고의 6배에 이른다.

또한 '죽음의 정치'도 문제다. 요즘 일어나고 있는 집단학살 혹은 인종청소 같은 것이다. 2천년 전 예수의 죽음도 소크라테스의 죽음도 정치화 · 종교화된 죽음이다. 나치에 의해 죽임을 당한 유대인들의 죽음은 어떻게 하면 피할 수 있을까 하다가 희생된 나쁜 죽음이다. 나치가 국민과 국가를 보호한다면서 자행한 유대인 학살, 도처에서 일어나고 있는 인종 말살은 죽음의 정치화다. 시체가 쌓이면서 막을 내리는 것이 정치적 타살이다. 폭력과 총으로 인한 죽음이 정치화된다.

참고자료

Claudia Card(2003), The Cambridge Companion to Simon de Beauvoir, UK : University of Cambridge. safepatientproject.org

6장
삶과 죽음의 불평등

성 테레사의 엑스터시 지안 로렌초 베르니니 1647~1652년

생애과정 접근 방식에 따르면 노년의 나쁜 건강은

젊었을 때의 건강을 관리하지 못한 탓이다.

건강에 나쁜 영향을 미치는 니쁜 습관의 결과로서

당사자 개인의 책임이 크다고 본다.

개인의 생활습관(흡연, 음주, 식습관, 운동)을 잘 통제하지 못했기 때문이라는

개인의 탓으로 여긴다. 그러나 이러한 입장은

서구적 개인주의적 이데올로기에 기초한 집근이라는 비판을 받는다.

많은 사람들이 장수하는 것을 '선택받은 삶'으로 생각한다. 100세 정도 살았으면 매우 장하고 여전히 살아 있다는 자부심을 갖는다. 그러나 삶과 죽음은 인간 자신의 권리이면서 동시에 죽음은 필연이기도 하다. 물론 이 세상과 저세상 사이에는 죽음이 가로놓여 있다. 문제는 이러한 죽어감, 죽음의 문턱에서 불평등이 일어난다는 점이다. 사람들이 오래 살지만 '기대수명'에서는 차이가 난다는 얘기다. 세계적으로 보건 위생상태가 개선되고 의학 및 수술 수준이 비약적으로 발전함으로써 의료의 질이 향상되었지만 누구나 그 혜택을 누릴 수 없는 노릇이다.

　소득의 불평등은 삶과 죽음의 문제를 제기한다. 부유한 사람은 수입과 부의 축적뿐만 아니라 기본적으로 건강관리에 돈을 많이 투자함으로써 빈곤한 사람들보다 훨씬 더 오래 산다. 50세가 되기 전에 많이 죽는 남아프리카 스와질랜드가 있는가 하면, 평균 84세 이상 살아가는 일본, 이탈리아, 스페인, 스위스, 한국 등은 장수국가에 속한다.

미국의 경우 가장 부유한 계층 1%와 가장 가난한 1%의 평균수명이 15년 차이가 난다. 이른바 '삶과 죽음의 불평등'이 확대되는 것이다. 경고의 말이지만 돈많은 부자들은 DNA 조작 및 생명공학 발전으로 '슈퍼 인간(super human)'이 나타날 것으로 예상한다. 슈퍼 인간과 보통 인간으로 구분되는 '생체계급사회'가 만들어진다는 소리다.

시사적이지만 경제적 불평등은 가정의 붕괴를 가져오고 가족과 집단의 해체는 물론 건강의 불평등, 죽음의 불평등을 초래한다. 우리가 얼마나 많은 경제적 불평등을 인정할 준비가 되어 있는가에 따라 다를 수 있지만, 우리에게 삶의 질을 높이는 기회를 만드는 것은 정책 당국자들의 주요 과제다. 부유한 국가에 점증하는 불평등 문제 해결보다 더 시급한 사회적 과제는 없기 때문이다. 건강의 불평등, 죽음의 불평등을 줄이기 위한 더 많은 노력을 기울일 때다.

1. 경제적 수준에 따른 건강의 불평등

맑스는 자본주의 체계가 만들어내는 불평등을 계급 형성의 원천으로 보았다. 노동계급의 빈곤화를 궁핍화(pauperization) 과정으로 설명했다. 그러나 현재는 직업 위치나 시장 위치에 따라 결정된다는 논리가 힘을 얻고 있다. 베버(M. Weber)는 불평등의 원인을 경제적 차원, 개인의 시장 위치(market position)와 전반적인 생애 기회에서 찾는다. 가령 관리직이나 전문직에 종사하는 사람은 그렇지 못한 사람보다 경제적 생활이 부유해져 간다는 것이다.

또 프랑스 사회학자 피에르 부르디외(P. Bourdieu, 2005)는 문화적·상징적 자본에 따라 계급집단이 구성된다는 개념을 제시한다. 부르디외는 경제적·직업적 요인보다는 문화적 취향이나 레저활동에 기초해 자신을 다른 사람과 구분짓고 있다.

이를테면 광고업자, 마케터, 패션디자이너, 치료사, 웹디자이너 등은 '욕구판매인(need merchants)'으로서 상징적 서비스를 제공하는 사람들이며, 소비자 공동체의 문화적 생활양식에 영향을 미치는 사람들이다.

그것은 까다로운 개념이지만 한 사회에서의 건강 및 장수의 수준은 사회계층의 경제력이 높을수록 좋아진다는 가설이다. 기대수명과 장애사망률을 살펴보면 소득, 교육, 직업 등을 기준으로 한 사회적 피라미

드에서 상층으로 갈수록 건강 수준이 높게 나타난다는 점이다. 사실 그럴듯한 통계가 있다. 영국 뉴캐슬대학 심리학 교수인 대니얼 네틀(Nettle, 2010)은 영국의 8,000가구를 분석한 결과 가장 궁핍한 사람들의 기대수명은 50년에 불과해서 부유한 사람보다 20년 가까이 일찍 죽는 것으로 나타났다.

일찍이 벤담(J. Bentham)은 사회적 이익의 총량을 최대화하는 '최대다수의 최대 행복'을 주장했지만, 자본주의 사회는 최상위 계층 20%가 최하위 20%보다 몇십 배의 높은 소득을 갖는 사회적 구조다. 세계불평등보고서(world Inequality Report)에 의하면 1980년 이래 세계에서 가장 부유한 상위 0.1%가 쌓은 부의 규모는 하위 50%인 37억 명의 부와 동일하다고 했다.

인간사회는 사회화 과정 발전 자체가 상이한 것을 의미하며 '차별사회화(differential socialization)'를 나타낸다. 외제차를 타면 그것이 타인과 차별화를 낳고 자신의 존재가 된다. 사회집단 내에서 수입의 정도, 직업의 종류, 교육 정도, 가치관의 차이에 따라 빈곤과 불평등적 사회현상이 구조화되는 것이다.(Asthana&Halliday, 2006) 부모의 소득에 따라 자식의 운명이 결정되고, 이것은 또한 노년의 부모들에게 다시 영향을 미친다. 대를 이어가는 가난의 계승이다.

우리나라에서도 비슷한 현상을 발견할 수 있는데, 빈부 격차는 연령이 증가할수록 커지고 있다. 즉 우리나라 도시가구 소득 통계에서 보면 60세 이상 고령층의 소득 불평등 수준은 40대보다 30% 이상 큰 것으로 나타났다. 또 가구주가 60세 이상인 가구는 10가구 중 4가구가 빈곤

가구에 해당되어 40대 가구주의 빈곤보다 5배나 높다. 게다가 건강이 나빠질 경우 병원에도 갈 형편이 못 되는 사람들이 많다. 노년에 건강이 나빠지니 평생을 받쳐 준 뼈들만 앙상하게 드러나는 등 건강의 불평등은 사회구조적 문제와 무관하지 않다.

지난 세기 의학의 발전과 함께 치료법이 개발되었지만 질병이 끊이지 않고 있다. 그 질병은 각자의 생활습관, 직업, 환경, 경제적·지리적 조건에 따라 '건강상의 불평등(health inequalities)' 현상이 오게 된다.(McMunn et al, 2008) 이러한 건강상의 불평등 상태에는 주로 두 가지 변수가 작용한다. 하나는 개인적 변수(생활습관, 영양섭취와 운동)이고 다른 하나는 사회경제적 환경 요인, 즉 개인의 소득수준, 직업, 사회환경 등의 구조적 분제와 관련되어 있다.

참고자료

Asthana,Sheena and Joyce Halliday.(2006), What Works in Tacking Health Inequalities? : Path Practice through the Life Course, UK : The Policy Press.

McMunn, Anne., James. Nazroo, and E. Breeze.(2008), Inequalities in health at older ages : A longitudinal investigation of the onset of illness and survival effects in England, Age and Ageing, Journal Article. Institute for Fiscal Studies. Nov, 2008.

Nettle, Daniel. (2010), Dyng young and living fast : Variation in life across English neighborhoods, Behavioral Ecology 21, 387-396.

2. 생애과정에서의 누적적 이득과 불이익 관계

노화와 관련해 '누적적 이득과 불이익 이론(Cumulative Advantage/ Disadvantage Theory, CAD)'이 논리적 · 경험적으로 노년사회학 영역에서 폭넓게 인정되고 있다. 이 같은 CAD 개념은 사회과학적 차원에서 나이 변화와 생애과정에서 보이는 특징적 본질을 규명하는 이론으로 받아들여지고 있다. 과거로부터 이어져 오는 삶의 과정과 선천적 특성은 분리될 수 없다는 입장에서 지난 수년간 이 이론에 대한 관심과 적용이 계속되어 왔다. 특히 노화과정에서 보이는 이질성과 불평등 문제가 핵심 이슈였다.(Dannefer, 2003)

여기에서 거론되는 '생애과정' 가설은 개인의 불평등 문제를 풀어가는 주요 내용이다. 그 내용을 보면 ▷전 생애를 거쳐 긍정적 혹은 부정적 누적 효과가 있다는 것, ▷모태기로부터 인생 초기의 생존조건이 잠재적으로 노년기 건강에 영향을 미친다는 점, ▷인생 초기 개인의 사회적 · 경제적 지위는 노년기에 노화와 건강에 영향을 미친다고 보는 것이다. 곧 이 같은 이론들은 인생 초기의 환경과 노년기 건강 사이에는 누적적이고 상호 영향을 미친다는 결론이다.

더구나 노년학은 구조기능주의에 근거해서 발전되어 왔는데, 이는 사회적 · 심리적 그리고 경제적 측면을 토대로 설명하고 있다. 나이에 따라 노화 촉진 요소들이 축적되고 이것은 결국 몸의 손상을 가져와 죽음에 이른다는 기능적 논리다.(Derek Price, 1975; Merton, 1988) 이는 개인적 차원의 문제로 해석되는 경우가 대부분인데 생애과정에서 '나이-사회-구조적·제도적' 차원의 접근을 통해 누적적 이득의 이론을 발전시켜 왔다. 특히 사회학자들(Robert Merton, 1988)은 개인의 훈련된 능력과 자원, 사회구조적 위치에 따라 누적적 이득이 발생하고 이것이 노화과정에 큰 영향을 미친다고 보았다.

다시 말해 많은 노년학 연구자들은 노년의 문제의 다양성과 불평등 현상을 지적한다. 누적적 이득 이론에서 보면 두 가지 측면이 강조되는데, 그것은 먼저 노년기 사람들의 이질성과 다양성의 문제, 다른 하나는 각자의 재산, 자원의 불평등 문제다.(Blau, 1981; Ye Luo et al, 2012) 전자는 사람들의 생활 스타일, 건강, 지식 정도의 이질성을 보이는 것이고, 후자는 불평등의 수준을 평가하는 일로써 사회적 지위와 재산에 따라 정신적 건강에서 차이가 난다는 점을 지적한다.

"사람들은 동물적인 평등을 말한다. 하지만 평등은 죽어서야
가능한 목표다."

또한 누적적 이득 혹은 이익 상실은 곧 노화의 성공 실패와 관련된 것이지만 흔히 "부자는 더 부자가 되고 가난한 사람은 더 가난해진다"는 설명이다. 이 같은 '부익부 빈익빈' 현상을 이른바 '마태복음 효과(Matthew effect)'라고 한다. 맬컴 글래드웰(M. Gladwell, 2008)이 《아웃라

이어(Outliers)》에서 소개한 말로 "무릇 있는 자는 받아 충족하게 되고 없는 자는 그 있는 것까지 빼앗기리라"(마 25:29)는 성경 구절에서 따온 말이다. 다시 말해 가진 자는 '누적적 이득'이 늘어나게 되어 결국 '승자효과(winner effect)'를 얻게 된다는 논리다.

여기서 문제는 이런 현상이 어떤 경향을 보이고 구조화되는가 하는 것이다.(Merton, 1968) 누적적 이득이 집단적 요인보다 개인적 이해(이익) 관계와 관련되어 있는데 개인 차원에서 나타나는 노화 모습들은 직업과 자원 획득 수준에 따라 차이가 날 것이라는 점을 전제를 한다. 이런 차이는 세계 어디서나 볼 수 있는 현상으로 경제적 불평등은 '건강 격차'로 이어지게 마련이다.

보통 남성들은 인생의 80%가 타이틀(직위)과 직업(일)에 의해 경제적 불평등이 결정된다고 해도 과언이 아니다. 노년학 학자들은 경제 분야의 '마태복음 효과'는 정치 · 경제 · 교육 · 문화 등 모든 분야에서 나타나는 양극화 현상을 분석하고 사회를 나쁘게 만드는 요인들, 그로 인한 불균형 심화를 인간 스스로 어떻게 개선해 나갈 수 있는지를 중시하고 있다.(Rigney, 2010)

따라서 이들의 합의된 공통점은 청장년기의 경제적 불평등 정도가 노년기에도 그대로 지속되는 경향을 보인다는 점이다. 노년기에는 돈을 버는 것도 어렵고 불리는 것도 쉽지 않다. 쉬운 말로 아버지가 돈이 있어야 자식들 유학도 보내고 일류대학에 보내 정치인도 만들고 교수도 될 수 있다. 부모의 소득에 따라 교육의 질이 결정되고 건강한 자녀로 성장할 수 있다는 뜻이다. 이렇게 성장한 사람들은 노후에도 성공적인 인생을 보내게 될 것이다. 이른바 가난한 사람은 노년기에도 '생애과정의 왜곡'의 위험성을 계속 안고 살아가는 것이다.(Bars, 2006)

이 같은 견해는 주로 개인의 건강부담과 건강증진에 따른 주장으로서 미국, 영국 등 서구의 개인주의적 관점에서 바라본 것이다. 사회구조적 요인들보다 개인의 자율성과 독립성을 잘 유지해 나갈 때 삶의 기간이 증가한다는 주장이다. 활동적 노화는 인간이 수동적 존재가 아니라 자신의 삶을 자율적으로 책임질 수 있는 능동적이고 독립적으로 존재해야 한다는 개념에 기초한다. 반대로 그렇지 못한 사람들은 나이가 늘어가면서 생산수단의 불평등 배분이 곧 개인적으로 불평등을 경험하게 되고 이어 빈곤층으로 떨어지게 된다. 결국 돈이 없으니 병원을 찾기도 어려운 노후생활을 보내게 된다는 것이다.

결론적으로 생애과정 접근 방식에 따르면 노년의 나쁜 건강은 젊었을 때의 건강을 관리하지 못한 탓이다. 건강에 나쁜 영향을 미치는 나쁜 습관의 결과로서 당사자 개인의 책임이 크다고 본다.(Ferraro&Moore, 2003) 개인의 생활습관(흡연, 음주, 식습관, 운동)을 잘 통제하지 못했기 때문이라는 개인의 탓으로 여긴다. 그러나 이러한 입장은 서구적 개인주의적 이데올로기에 기초한 접근이라는 비판을 받는다.

단순히 노인 집단이 어느 연령 집단보다 사회경제적 불평등과 건강 불평등이 심화된다는 주장은 지나친 확대다. 문제는 신체적·주관적·정신적 측면에서 노화에 따른 장기적이고 체계적인 건강정책을 마련하여 가능한 건강 불평등을 해소하는 일이 중요하다는 입장을 보인다.

참고자료

Baars, Jan.(2006), Aging, Globalization and Inequality : The New Critical Gerontology. New York : Baywood Pub Co.

Bourdieu, Pierre.(2005), La Distinction, 《구별짓기》(상), 최종철(역), 서울 : 새물결

Blau, Z.(1981), Aging is Changing Society (2nd ed). New York : Franklin Watts.

Ferraro, K. F., & Kelly-Moore, J. A.(2003), Cumulative disadvantage and health : Long term consequence of obesity?, American Sociological Review , 68. 707-729.

Gladwell, Malcolm,(2008), Out Liers : The Story of Success. New York : Little, Brown and Company.

Merton, Robert K.(1968), The Matthew Effect in Science. Science 159, 56

Merton, Robert K.(1988, The Matthew Effect in Science : Cummulative advantage and symbolism of intellectual property. ISIS , 79, 606-623

Rigney, Daniel.(2010, Matthew Effect : How Advantage Begets Future Advantage. New York : Columbia.

Ye Luo, Jun Xu, W. Wentworth.(2012), A longitudinal study of social status, perccived discrimination, and physical and emotional health among older adults. Research on Aging. 31(3) 275-301.

3. 죽음의 불평등

이렇게 노년학 연구자들은 출생과정으로부터 가족 형성에 미치는 영향을 이론화하여 경제적 불평등에 따른 건강의 불평등 현상을 연구하고 있다. 최근에는 소득수준에 따른 미(美)의 불평등 문제를 비롯해 죽음의 불평등 문제를 제기하고 있다. 모두 개인의 행위양식과 사회구조를 연결하려는 또 다른 시도로서 생애과정의 다양성을 계량화하여 불평등 구조의 결과이자 노년기 과정을 이해하려는 것이다. 이 접근에 따르면 중요한 생애과정에서부터 일어나는 불평등 현상 뒤에는 성, 인종, 교육에 의한 '기회구조'의 차이가 크게 작용한다는 점을 중시한다.(Kohli et al, 1991)

그런 점에서 건강과 계층의 상관관계에서도 개인의 경제적 능력에 따라 건강상 불평등의 현상이 나타난다. 노년기에는 사회경제적 지위(소득수준, 교육정도, 직업상태)에 따라 건강노화 수준(주관적 · 신체적 · 정신적 · 심리적)에 영향을 미친다.(Hooyman&kivake, 2011) 사회경제적으로 높은 위치에 속하는 사람들은 척도상 그보다 아래에 속한 사람들보다 평균적으로 더 건강하고 더 오래 살아간다. 모든 연령층에서 빈곤집단은 부유한 사람들에 비해 사망할 위험이 더 높다는 것이다.(Giddens, 2006) 곧 죽음의 불평등 현상이 나타나는 것이다.

당연히 물질에 대한 불평등이 오면 건강에 불평등이 오고 결국 죽음에도 불평등이 온다. 경제력 양극화가 수명의 양극화로 이어지는 가운데 죽어감조차도 평등하지 않다. 유대인 속담에 "돈만 있으면 흘리는 눈물조차 편안하다"고 했다. 돈만 있다면 죽음도 훨씬 더 편안하게 맞이할 수 있다.(Amery, 2014) 경제력의 차이에 의해 치료받는 정도가 달라질 것이다.

병사(病死)가 개인의 죽음처럼 보이지만 의료복지제도와 관련되어 있다. 근대 과학기술로 유전자 복제, 생명과학기술의 혁신으로 '생존'의 가능성은 길어졌지만 길어진 만큼 잘 살아가려면 결국 병원비 등 건강유지비가 필요하다. 선진국들도 비슷하지만 연금 위기에다 병원비 등 죽음과 노화 사이에는 불균형이 일어나게 되었다.

다시 말해 빈부의 차이가 유전적 차이를 만들어 내고 빈부 격차는 수명 격차로 이어진다. 빈부 격차가 커지면서 부자는 '좋은 몸'을, 가난한 사람은 '나쁜 몸'을 갖게 된다. 생명이 길어질수록 가난한 사람은 고통을 더 받는다. 장수의 역설이요 장수의 부메랑이다. 돈을 가지고 우월한 유전자를 챙길 수 있는 계급과 유전적으로 빈곤한 계급의 탄생은 전혀 새로운 것이 아닌 사회문제를 일으킬 것이다.

결국 경제적 불평등 수준에 따라 기대수명과 건강수명에 차이가 난다. 건강수명은 기대수명에서 질병으로 몸이 아픈 고령기를 제외한 기간이다. 건강수명이 기대수명보다 적어도 7~10년 더 짧다. 그러나 보니 우리나라 국민은 병원 가는 횟수가 OECD 국가 중 1위다. 2017년 10월 1일 보건복지부와 보건사회연구원이 분석한 'OECD 건강통계 2017'

에 따르면 우리나라 국민 1인당 의사에게 외래진료를 받은 횟수는 2015년 기준으로 연간 16회로 OECD 회원국 중 가장 많았다. 일본은 12.7회, 헝가리 11.8회로 뒤를 이었다. 다시 말해 노년기는 각종 질병이 생기고 거동이 불편해지고 간병 서비스를 받아야 한다.

이렇게 죽음의 불평등은 소득에 따른 기대수명과 관련돼 있다. 일반적으로 소득 상위계층이 소득 하위계층보다 6~7년 더 사는 것이다. 이를테면 우리나라에서도 소득이 낮을수록 기대수명이 짧고 고소득층일수록 6.6세 더 오래 살 것이라는 분석이 나왔다. 보건복지부의 기대수명 자료 및 건강보험료 납부액을 기준으로 소득 1~5분위로 나눈 뒤 통계청 사망 통계와 건강보험 가입자들의 빅데이터 등을 비교분석한 결과다. 예를 들면 2015년에 태어난 아이는 평균적으로 2097년까지 산다는 얘기다.

"고소득층은 저소득층보다 6.6년 더 산다."

이를테면 2015년 상위 20% 고소득층의 기대수명은 85.14세로 하위 저소득층(78.55세)보다 6.9세 높다. 저소득층의 기대수명은 전체 평균(82.14)보다 3.55세 낮다. 소득 차이로 인한 기대수명 차이는 점점 더 벌어질 것으로 보인다. 2010년 6.44세 차이가 났으나 2015년에는 6.59세로 더 벌어졌다. 저소득층의 경우 흡연, 음주, 자살 등의 위험에 더 노출된 데다 병에 걸려도 치료를 받는 데 취약해 기대수명이 짧다. 반면에 고소득층은 평소 건강검진과 병원진료 등 건강관리에 투자하면서 기대

최근 6년 간 소득 수준별 기대수명 비교 (단위 : 나이)

85.14

상위 20%   84.68

83.54

6.10   6.42   6.59

77.44   78.26   78.55

하위 20%

2010   2011   2012   2013   2014   2015   (년)

출처 : 더불어민주당 인재근 의원실, 중앙일보(2017년 10월 30일)

수명이 더 길어진 것이다. 이른바 수명의 양극화 현상이다.

또 다른 예를 보자. 유전장수(有錢長壽), 무전단명(無錢短命)인가. 소득 수준이 높은 사람이 많이 사는 부촌 지역의 건강수명이 다른 지역의 건강수명보다 높다는 것이다. 2017년 10월 통계청의 《KOSTAT통계플러스》가을호에 실린 '고령자의 활동제약과 건강수명 보고서'에서 이같은 사실이 밝혀졌다. 또한 2015년 기준으로 경기도 성남시 분당구는 건강수명이 74.8세로 1위를 기록했다. 2위는 서울 서초구(74.3세), 경기 용인 수지구(73.2) 순이었다. 비슷한 비교에서 기대수명은 지방에 따라 다르게 나타난다. 서울의 기대수명은 83세(2014년 기준)로 전국에서 가장 높다. 반면에 울산은 80.7세로 기대수명이 가장 낮았다.

거듭되는 얘기지만 지난 20년간 기대수명이 높아지고 있다. 소득수준에 따른 기대수명 격차는 외국도 마찬가지 현상이다. 참고로 한국인 남녀 모두 기대수명의 증가 속도가 빠르게 진행되고 있는데, 2017년 통계청이 발표한 '2016년 생명표'는 내게 평균적으로 남은 시간이 얼마인지 깨닫게 된다.

이 표에 따르면 여성이 85.2세, 남성이 79세다. 또한 여성의 기대수명이 남성보다 6.75세 높다. 이러한 한국인의 기대수명 증가는 건강한 삶에 대한 관심이 높아진 것과 관련이 있다. 게다가 장수 비결은 보편적 의료보장은 물론 유년기 양질의 영양섭취와 새로운 의학지식에 대한 관심 덕분이라는 설명이다. 사실 고령사회에 대비해 정기적으로 건강검진을 받고 생활습관을 개선하고 규칙적으로 운동하려는 사람이 늘어나고 있다.

참고자료

Dannefer, D.(2003), "Cumulative Advantage/Disadvantage and the Life Course : Cross-Fertilizing Age and Social Science Theory", in The Journal of Gerontology SeriesB. Psychological Sciences and Social Science No 58(6) s327-s330.

Derek de Solla Price (1975), The productivity of research scientists. Yearbook of Science and Future. Chicago: Encyclopedia Britannica 1975, pp.109-421

Giddens,Anthony.(2006), Sociology.(5th ed). Cambridge: Polity Press.

Kohli, M., Rein, M., Guillemard.(1991), Time for Retirement Cambridge : Cambridge University Press.

7장

삶과 죽음의 화해

죽음의 승리 트라이니 1334~1342년

사람은 좋은 죽음을 원한다. 죽어서도 좋은 곳, 천당 가기를 원한다.

죽은 영혼은 신을 통해서 하늘나라로 가야만 한다.

지옥에 떨어질까 봐 겁을 낸다. 지옥(Hell)은 기독교의 악마의 이미지와

겹치면서 반드시 피해야 할 곳이다.

우리 전통에서는 망자를 좋은 곳으로 보내기 위해

씻김굿, 진오기굿, 위령제(영혼 귀신을 달래는) 등을 올린다.

의심할 여지없이 삶과 죽음, 즉 생사는 같이 있다.

인간은 태어날 때부터 생의 본능과 죽음의 본능을 가지고 있다. 동물들은 자신의 죽음에 대해 걱정하며 시간을 낭비하지 않지만, 인간은 불사불멸의 생명처럼 살지만 죽음에 대한 두려움 또는 비통 속에 살다가 죽는다.

　존재하는 것, 행동하는 것은 모두 죽게 마련이다. 대부분의 사람들이 죽음보다 심한 고통 속에 헤매다 죽는다. 또 재산이 많다 해도, 인물이 좋다고 해서 죽어서 가져갈 것은 아무것도 없다. 톨스토이는 《전쟁과 평화》에서 질문하듯이 "삶과 죽음을 가르는 경계선(임종선)을 한 발자국 넘어서면 미지의 죽음이 도사리고 있다"고 했다.

　그러나 우리가 누구를 사랑하기 때문에 살고 싶은 것, 사랑과 죽음 사이에는 비극과 기쁨, 혼란이 함께 있지만 죽음을 현실로 받아들여라. '좋은 죽음' 으로 갈 수 없다면 아직은 이 세상에서 할 일이 남아 있다는 이유다.

1. 죽음에 대한 저항 : 슈퍼센티네리언 시대의 도래

　인간의 죽음의 본능에는 두 가지 핵심 문제가 있다. 그것은 자신의 의지에 따라 죽는 것과, 어떻게 하면 죽음을 피할 수 있는가의 문제다. 우선 전자는 잘 죽는 것이다. 우리는 늘 좋은 삶, 좋은 죽음을 생각한다. 영원히 살 것처럼 밝은 미래를 꿈꾸며 즐겁게 일하고, 내일 죽을 것처럼 간절한 마음으로 살다가 복되게 죽는 죽음 같은 것이다.

　그러기에 이제는 잘 살기를 넘어 웰다잉(well dying)을 외치는 시대다. 지금까지 잘 사는 것이었다면 사는 것이 끝나고 잘 죽는 것이 큰 소망이다. 어느 누구도 이 세상에서 얼마 살도록 정해진 것은 아니지 않은가. 우리는 태어나는 순간부터 죽기 시작한다는 점에서 죽음의 준비는 늘 필요한 것이다.

　후자는 불로장생의 소망이다. 죽음을 피해 오래 살고 싶은 욕망은 죽어야 끝나는 꿈이다. 생명이란 죽음에 대항하는 기능을 최대로 활성화시키려는 에너지다. 에너지가 생산될 때 생의 의지와 욕망이 유지될 수 있으며 우리 삶을 가능한 확장할 수 있다. 죽음을 피할 수 있다는 생각, 죽음을 초월할 수 있다는 소망 같은 것이다. 최근 생명과학기술의 발전에 따른 생명 연장기술은 생물학적으로 노화를 방지하며 수명을 가능한 연장하려는 데 목적이 있다.

실제로 요즘은 110세 이상 살아가는 슈퍼센티네리언(Supercentenarian)이 늘어나고 있다. 더구나 생명공학이 하루가 다르게 발전하는 가운데 '길가메시 프로젝트'가 미래의 혁명을 주도하고 있다. 영생을 찾으려 했던 고대 메소포타미아의 영웅 길가메시처럼 영원한 생명을 향해 진행되고 있다. 길가메시는 죽음을 없애 버리려고 했던 영웅이다. 더구나 현시대는 트랜스휴머니즘(transhumanism) 시대다. 인간은 지적 · 신체적 · 심리적 능력을 강화하면서 정신적 · 생물학적 한계를 극복하려는 트랜스휴머니즘 시대에 살고 있다.(Nick, 2005)

"우리 몸의 '생체시계(ageing-clock)'는 언제까지 작동할까?"

프랑스 해부학자 비사(Marie, Xavier Bichat, 1771~1802)는 '생과 사에 관한 생리학적 연구'에서 "생명이란 죽음에 대항하는 기능의 전부"라고 했다. 영국 케임브리지대 짐 외펜(Jim Oeppen)과 독일의 맥스 플랑크 인구학 연구소(Max Planck Institute for Demographic Research) 소장인 제임스 바우펠(Oeppen & Vaupel, 2002) 박사는 "고정된 수명은 없다"고 했다.

죽음은 피할 수 없다고 해도 수명 연장은 꾸준히 이루어져 왔고 그 추세는 지금도 계속되고 있다. 1840년부터 지금까지 인류 수명은 계속 늘어났고 어떤 국가에서는 매년 평균 2.5년씩 늘어났다며, 이런 현상이 중단될 것이라는 어떤 증거도 없다는 것이다.(BBC News, 2002년 5월 9일)

실제 인간 수명의 한계는 120년 정도로 본다. 아니 150세까지 살 거라는 예측도 있다. 텍사스대 바샵노화연구재단 스티븐 오스태드(Austad,

2009) 교수는 "2150년 인류 최초로 150세에 도달한다"는 논문을 발표했다. 평균 수명이 길어져 짧은 인생에서 긴 인생으로 살아가는 여정이라는 것이다.

심지어 마이클 하트(Hart, 1995)는 공상과학 예측서인 《서기 3000년》에서 앞으로 다가올 3000년을 내다보면서 인류는 의사(疑似) 불멸성, 즉 영원성에 가까운 700~800년을 장수할 거라고 전망했다.

사람이 얼마나 살아갈까 하는 기대수명은 약 10년 단위로 2년 6개월씩 증가한다. 현재 선진복지국가의 평균 기대수명은 77세로 향후 2100년까지 95세로 증가할 것으로 예측된다.(Horx, 2007) 비슷한 맥락에서 현재 영국 노동연금부에 의하면 영국인 6명 중 1명 정도가 기대수명 100세 이상을 살 것이라는 예측이 나왔다. 영국의 전체 인구 6,120만 명 중 17%에 해당하는 1,000만 명 이상이 100세 이상 살 것이라는 얘기다. 2022년에는 65세 이상 고령인구가 전체의 33%를 차지할 것으로 예상한다.(The Guardian, March 30, 2010)

선진국 혹은 개발도상국 모두 기대수명이 대폭 늘어나면서 장수사회로 진입하고 있다. OECD 회원 국가들의 경우 평균 은퇴연령에 비해 기대여명이 늘어나고 있다. 물론 현실적으로 인간의 수명은 나라마다 개인마다 약간 차이가 있다.

늙어가면서 살아가는 모습도 많이 다르다. 이를테면 아프리카의 작은 나라 스와질란드의 평균수명은 31.8세, 에티오피아의 평균수명은 32세인 반면, 프랑스 여자는 평균 85세, 일본 여성은 86.05세를 살아간다. 현재까지 세계에서 가장 오래 산 사람은 프랑스 장 칼망(Jeanne Calment,

1875년 2월~1997년 8월)으로 알려져 있다.(Santrock, 2007)

　나는 가끔 화장터에 가본다. 그때마다 죽음을 피할 수 없는 존재들로서 최대한 먼 미래에 내 시체가 이곳으로 오기를 바랐다. 그러나 지금에 와서 느끼는 것이지만 늙어서는 생명의 유한성을 이해하는 것이 늙어감의 길이라고 생각된다. 그런 이유로 우리가 취해야 할 태도는 두 가지 중의 하나일 것이다.

　하나는 가급적 죽음에 대한 생각을 피하면서 세상의 모든 것을 가지고 누릴 수 있다는 쾌락적 삶에 매달리는 태도이고, 또 하나는 죽음을 인정하고 수용하며 죽음을 긍정적이고 능동적인 삶으로 전환하는 태도다. 죽음에 대한 두려움을 떨쳐 버릴 수 있을 때 우리는 비로소 사소한 것과 중요한 것을 구별할 수 있을 것이다.

참고자료

Austad, Steven N.(2009), Making Sense of Biological Theories of Aging(pp147-161), in Bengtson Vern L., Merril Silverstein(ed), Handbook of Theories of Aging(2ed). New York : Springer Pub Co. an stateoftomorrow.com/stories/transcript/austadinterviewTranscript.pdf(검색일 : 2012. 5.2)

Hart, Michael H.(1995), A View from the Year 3000: A Ranking of the 100 Most Influential Persons of All Time. New York : Poseidon Press.

Horx, Mattias.(2007), How We Will Live: A Synthesis of Life in the Future. New York : Campus Verlag GMbH.

Nick, Bostrom.(2005), A History of transhumamist thought. Journal of Evolution and Technology, 14(1), www.nicksbostrom.com.

Oeppen, Jim and Vaupel, James.(2002), Broken limits to life expectance. Science, vol. 296, 10 May 2002. www.sciencemag.org.

Santrock, John.(2007), Life Expectancy : A Topical Approach to Life Span Development. New York. The McGraw-Hill Pub Inc.

UNFPA.(2012), The State of World Population 2012. Nov 14, 2012.

USCB.(2011), The Older Population : 2010. 2010 Census Brief.

BBC News, 2002. 5. 9.

The Guardian, 2010, 3. 30.

2. 죽어감의 순간 : 근사(임사) 체험의 실제

꽃이 시들어 감은 죽음의 기미를 나타내는 것이다. 꽃이 시들듯이 인간도 늙으면 시들며 연약해진다. 연약함은 사망의 자연적 위험 신호다. 노화가 진행될수록 느린 활동, 근육질의 감소, 피로감을 겪다가 죽는다. 아무도 고통 없이 죽어가는 사람이 없을 뿐더러 '죽어감'에는 알 수 없는 환상들을 보게 된다. 인간이 늙어서 죽는 것도 개가 늙어서 죽음을 앞둔 노구(老狗)와 다를 바 없다. 하지만 인간은 물질적 차원이 아닌 초경험적인 다른 세상을 보며 죽음을 맞이하는 유일한 존재다.

죽음은 무(無)로 돌아가는 무화(無化)현상이다. 사람이 죽으면 이생을 떠나 저승으로 간다고 한다. 파괴의 본능과 같은 죽음의 본능인 타나토스(Thanatos)라는 말이 있듯이 누구나 죽음을 피할 수 없다. 죽음을 관장하는 신 하데스(Hades)의 지배를 받는다는 말도 있다. 이런 저승은 망자들이 죄의 유무에 상관없이 누구나 가는 세계다.

그런데 사람은 좋은 죽음을 원한다. 죽어서도 좋은 곳, 천당 가기를 원한다. 죽은 영혼은 신을 통해서 하늘나라로 가야만 한다. 지옥에 떨어질까 봐 겁을 낸다. 지옥(Hell)은 기독교의 악마 이미지와 겹치면서 반드시 피해야 할 곳이다. 우리 전통에서는 망자를 좋은 곳으로 보내기 위해 씻김굿, 진오기굿, 위령제(영혼 귀신을 달래는) 등을 올린다. 의심할 여지없이 삶과 죽음, 즉 생사는 같이 있다. 생명과 죽음은 늘 가까이 있다. 죽음은 개인의 종말이라는 사실에서 성찰적 사유의 대상이다. 죽음은 두려움의 대상이 아니라 소망스러운 죽음을 준비하자는 것이 고령사회의 트렌드다. 더구나 현시대는 고통스러운 임종을 피하면서 편안한 죽음을 맞이하기 위한 죽음의 과정, 즉 임종 과정을 더 중시한다.

이런 임종 과정에서 경험하는 임종몽(夢) 혹은 임사(臨死) 체험에 대한 논의가 활발한 것도 같은 맥락이다. 사람들이 죽음을 앞둔 상태에서 임종몽(임종시)을 경험하거나 죽음의 문턱을 넘었다가 다시 살아온 사람들이 말하는 근사(近死) 체험 이야기들을 연구 대상으로 한다. 문제는 이런 근사(임사) 체험자들이 말하는 경험이 과연 어디까지 진실일까. 근사(임사) 체험은 영혼이 있기에 가능한 것인가. 아니면 근사 체험은 극도로 연약해진 상태 혹은 약물에 의한 환각에 불과한 것인가 하는 의문들이다.

"자네, 죽어 봤어? 나는 죽었다 살아났어."

사실 죽음의 메신저로서의 신호는 여러 가지로 온다. 죽음이 가까워질수록 영매(靈媒)들의 신호는 구체화된다. 이런 가운데 생명의 핵심은 '죽음'이 아니라 '죽어가는 과정(임종)'이 더 중요하다. 죽음과 달리 죽어감은 경험적이고 현재적이고 의학적인 측면에서 조정 통제가 가능한 것으로 여겨진다.

따라서 필자는 '죽음학'의 전문가는 아니지만 건전한 생명과 완전한 죽음 사이의 회색지대에서 일어나는 '죽어감(dying)' 상태에서 경험하는 근사(임사) 체험(Near-death experience, NDEs)과 임종몽/임종시(end-of-dream/vision, ELDVs)에 대해서 살펴보고자 한다.

■ 근사(近死), 임사(臨死), 가사(假死) 체험

죽음도 삶의 한 과정이다. 하지만 생명체는 반드시 끝이 있다. 동물의 왕자인 사자 역시 제 몸의 벌레, 기생충 때문에 죽는다. 인간도 마찬가지여서 사고사가 아니면 90%가 대개 74~85세쯤 죽는다.

노년 후기에 들면 자기 죽음을 예감하며 어떤 환상을 보게 된다. 일종의 근사 체험이다. 근사(임사) 체험은 심장박동이 멈추고 10~20초 정도 지나면 피가 뇌로 가지 않아 뇌파가 정지된다. 즉 뇌에 산소가 충분히 공급되지 않아 뇌기능이 정지되는 순간에 '근사 체험(NDEs)'을 하게 된다는 것이다.(Parnia etal, 2007)

의학적 죽음 상태에 있다가 깨어나는 근사 체험으로 사후 세계의 문 앞까지 갔다가 돌아왔다는 이야기가 있다. 좀 더 구체적으로 말하면, 사람이 죽음의 근처 또는 죽을 때 발생하는 유체이탈로 혼(魂)이 몸을 떠났다가 다시 살아서 돌아오는 상태다. 즉 자신이 죽었다는 인식, 혼의 체외이탈, 긴 터널 통과, 밝은 빛을 만나고, 천국의 풍경을 보고, 아니면 이미 세상을 떠난 가족들과의 만남 등 삶과 죽음의 경계가 확실하지 않는 상태다. 이런 상태는 미국 심장전문의 마이클 세이봄(Sabom, 1976)에 의해서 밝혀졌지만 환자 중 43%가 근사 체험을 경험한다고 한다.

이 단계는 생물학적 죽음의 단계로서 신장, 눈동자(동공) 등 다른 기관들도 망가진다. 세포가 상실되고 신체 각 기관이 퇴화 과정을 거치는 순간 임사 체험이 일어나는 것이다. 주로 심장마비(심근경색), 출산 출혈로 인한 사망시, 패혈증, 갑작스런 사고사, 뇌손상, 뇌경색, 질식사 등 죽음의 상태에서 임사 체험을 한다. 근사(임사) 체험은 개인적인 경험이지만 죽음에 가까이 간 상태에서 경험하는 것이다.

특히 근사 체험은 심리적·종교적·철학적·생리적·초월적인 의미를 지닌다. 종교를 가지고 있는 사람은 임사 체험을 많이 한다.(Greyson, 2006) 종교적 신앙에서 미국인은 46%가 수호천사를 만나는 것으로 믿고 있다. 문학작품에도 개인의 임사 체험 이야기가 많이 등장한다.

영화 〈히어 애프터(Here After)〉(2010)도 근사 체험 이야기를 다루고 있다. 주인공 앵커우먼 마리는 인도네시아로 휴가를 떠났다가 때마침 밀려온 쓰나미에 휩쓸려 죽는다. 그러나 그녀는 심폐소생술로 극적으로 살아나 자신의 근사 체험을 이렇게 얘기한다.

"모든 게 조용했어요. 온통 어둠뿐이었고. 그때 어떤 강한 빛이 내 시선을 끌었어요. 부드러운 바람소리도 들렸죠."

이러한 근사(임사) 체험이 단지 신비스럽다거나 환상적인 현상으로 여겨오다가 오늘날 의학 생명공학의 발달과 함께 논의되고 있다. 임사 체험 연구는 미국, 영국, 일본 등지에서 활발하게 진행되고 있다. 특히 미국 정신과 의사인 레이먼드 무디가 1975년에 쓴 《삶 이후의 삶(Life after Life)》을 통해 '근사 체험'이라는 단어가 처음으로 사용되었다.

그 후에는 정신과 의사 브르스 그레인손, 심리학자 케네스 링, 심장병 전문의 마이클 사봄에 의해 집중적으로 다뤄졌다. 1975~2005년까지 미국에서 2,500여 명의 근사 체험에 대한 보고가 있었고, 이를 통해 3,500여 개의 다양한 개별사례 연구가 이뤄졌는가 하면, 1981년에 국제근사체험 연구회(International Association for Near-Death Studies, IANDS)가 설립되면서 전문지(Journal of Near-Death Studies)까지 발간되어 현재까지 다양한 임사 체험이 다뤄지고 있다.

더 많은 예를 들 수 있는데, 근사(임사) 체험은 환자마다 조금씩 다르지만 대부분 산소 결핍에 따른 뇌기능 중단과 동공 정지, 심장 정지로 인해 잠시 죽었다가 다시 소생하게 되는데, 미국인의 15%가 이런 특이한 경험을 하는 것으로 조사됐다.(Gallup, 1982) 독일은 4%가 임사 체험을 경험하고 있는데, 특히 심장마비로 인해 죽었다 살아난 사람들 중 10~20%가 근사 체험을 했다고 한다.(Knoblauch, 2001, Parnia etal, 2007)

특히 정신의학자 롬멜과 그 동료들(Lommel etal, 2001)은 네덜란드 사람들의 근사 체험을 연구한 결과 사망 판정을 받은 직후 심폐소생술로 다시 살아난 344명을 조사해 18%인 62명이 근사 체험을 한 것으로 조사됐다. 여기서 공통적인 체험은 자신이 죽었다는 인식(50%), 평화스러운 감정(56%), 체외이탈 경험(24%), 터널 통과(31%), 밝은 빛을 만남(23%), 천상 풍경(29%), 이미 세상을 떠난 가족 친지들과의 만남(32%), 자신의 생활 회고(13%), 삶과 죽음의 경계 인지(8%) 등이었다.

또한 세계적으로 관심을 끌었던 임사 체험 이야기는 미국의 팸 레이놀드(Pam Reynolds, 1956~2010)의 증언이다. 싱어송 라이터인 팸 레이놀드는 1991년 35세 때 뇌질환으로 매우 위험한 수술을 받게 되었다. 뇌혈맥(동맥류)을 차단하고 심장 박동을 멈춘 채 전신마취를 하고 체온을 섭씨

10도 이하로 낮춘 상태에서 약 7시간 수술이 이어졌다.

　성공적으로 뇌수술을 받은 레이놀드는 수술 후 깨어나 임사 경험을 얘기했다. 그녀는 "내가 죽어 있는 동안 수술받는 과정을 모두 지켜봤다"는 것이다. 임사 상태의 유체이탈 느낌 속에서 자기를 수술하는 의사, 간호사, 수술도구를 9m가량 떨어진 곳에서 본 것으로 나타나 세상을 놀라게 했다. 장시간 감각 기능이 정지된 상태였지만 수술 과정을 정확히 기억하고 있었다. 또 그녀는 어두운 터널을 지나가다가 강한 빛을 만났으며, 이미 죽은 할머니와 삼촌, 다른 친척들도 만났다고 했다. 이를 계기로 그녀는 의학적 죽음 상태에서 수술을 받고 깨어난 임사 체험자로서 세상에 널리 알려지게 되고 연구 대상이 되었다.(Geshwiler, 2010)

　우리는 '죽음 체험'을 해 보지 않았거나 죽음에 대한 물음에 대해 '이렇다'라고 말할 수 없다. 필자 역시 죽음의 문턱에도 가보지 않았지만 누구나 죽음을 피할 수 없다는 사실에서 그동안 밝혀진 임사 체험의 공통점을 정리하면 다음과 같다.(Moody, 1975, Greyson, 2006, Ring, 1980)

- 생각하는 과정이 실제 생존 시보다 빠르고 선명하다.
- 감정 상태의 변화로 기분이 좋고 평화롭고 긍정적이다.
- 몸이 공중에 가볍게 떠 있다.
- 유체이탈 속에 자기 몸을 보거나 치료하는 의사를 보고 있었다.
- 어둠의 터널을 지나거나 강력한 빛 속으로 들어갔다.
- 초자연적인 현상으로 죽은 가족이나 종교적 상징들(천국, 천사)을 만났다.

이런 공통된 증언들에 대해 긍정과 부정적인 논쟁이 없는 것은 아니다. 마이클 세이봄은 '사후세계를 본 것'이라고 판단했다. 임사 체험 경험자들이 많다는 것은 뇌기능이 멈춘 후에도 영혼이 사라지지 않은 것이라고 주장했다. 뇌기능이 사라졌다가 다시 의식을 찾는 것, 기억할 수 있다는 사실은 인간의 의식은 물질과 뇌에 종속되지 않은 독립된 존재(영혼)가 있다는 입장이다.

반면 마취전문의 제럴드 웨어리는 마취에 의한 현상(anesthesia awareness)일 뿐이라면서 영혼이 살아 있기 때문에 임사 체험이 가능하다는 견해에 반대했다. 전신마취용 환각제 성분 때문에 임사 체험과 비슷한 증상을 가져온다는 것이다. 아울러 뇌의 산소 부족으로 자주 나타나는 현상이라는 주장 속에 뇌기능이 마비되기 직전에 일어나는 '환각적 근사 체험'이라고 주장했다.

하지만 임사 체험은 어떻게든 이해되고 소통되어야 할 주제라는 것이다. 그리고 임사 체험은 개인 차원의 경험적이고 초월적이며 의학적인 대상이라는 사실에서 여전히 논쟁의 중심에 있다. 참고로 이러한 근사 체험에 대한 논쟁적 쟁점을 세 가지 차원에서 찾아볼 수 있다.

첫째, 뇌의 저산소증(산소결핍증, anoxia)으로 인한 경우다. 뇌세포 및 뇌기능에 영향을 미치는 산소 부족으로 환각상태에 빠지는 것이다. 임사 체험시 혈액 내 이산화탄소 농도가 증가하면서 평화와 기쁨 그리고 신비로운 환상을 본다는 주장이다. 사망 직전에 산소 부족으로 뇌손상이 일어나면서 30초 내지 3분 사이에 터널 현상 혹은 강한 빛을 본다는

설이다.(Science Daily, 2010년 4월 7일)

둘째, 호르몬의 불균형으로 인해 환각상태에서 일어난다는 설이다. 엔돌핀 내지 엔케팔린(enkephalins)이라는 신경전달물질이 비정상적으로 작용해 환각 상태에 빠지면서 임사 체험을 하게 된다는 설이다. 또 세로토닌(serotonin)이 임사 체험의 특징인 평온함과 안락함의 근거가 된다는 것이다.(Carr, 1981)

셋째, 뇌 측두엽(temporal lobe)이 손상되어 일어난다는 설이다. 뇌 측두엽에 의해 몸의 균형, 기억, 회상을 하게 되는데 이러한 기능이 상실되면서 대뇌피질의 자극으로 인해 유체이탈, 환각, 기억혼란 등을 경험하게 된다는 주장이다.(Britan, 2004)

알아차리기 쉽지 않지만 임사 체험의 원인은 사람이 늙고 죽어가는 과정에서 경험하게 되는 초월성의 상징이다. 임사 체험 혹은 죽어감, 그리고 육체적 죽음은 과학적·의학적·영적 초월성을 넘어 이해될 수 없는 현상이요 사건이다. 임사 체험에서 다뤄지는 영혼의 모습은 물질 차원의 인간 모습과는 다른 부분임을 암시한다. 인간의 고유성인 의식, 마음, 영혼이라는 서로 다른 이미지의 용어들이 있지만, 특별히 영혼은 독립적 생명체라는 믿음을 갖게 한다. 또한 임사 체험은 우리가 마음을 열고 더 성실하게 살다가 기꺼이 갈 수 있다는 믿음을 갖게 한다.

참고자료

Britan, W.B, and Bootzin, R.R(2004), Near-Death Experience and the Temporal Lobe, Psychological Science, 15(4), 254-258.

Blackmore, S.J(1996), Near-Death Experience, Journal of the Royal Society of Medicine, 89(2), 73-76.

Carr, Daniel(1981), Endorphin at the Approach of Death, Lancet, 317(8269), 390.

Gallup, C., Proctor, W(1982), Adventures in Immortality : A Look Beyond the Threshold of Death, New York: McGraw Hill,

Geshwiler, J. E(2010), Pam Reynolds Lowery, Noted for Near-Death Episode, The Atlanta Journal-Constitution, Retrieved, July 7, 2010.

Greyson, Bruce(2006), Near-Death Experience and Spirituality, Zygon, 41(2), 393-414.

Knoblauch, Hubert(2001), A Report on a Survey of Near-Death Experience in Germany, Journal of Near-Death Studies, 20(1), 15-29.

Lommel, P. V., Wees, R.V., Meyers, V(2001), Near-Death Experience in Survivors of Cardiac Arrest : A Prospective Study in the Netherlands, Lancet, 358, 2039-2045.

Moody, Raymond(1975), Life after Life : The Investigation of Phenomenon Survival of Bodily Death, New York: Harper Collins.

Parnia, Sam., Spearpoint, K., Fenwick, P.B(2007), Near Death Experience, Cognitive Function and Psychological Outcomes of Surviving Cardiac Arrest, RESUSCITATION, 74(2), 215-221.

Sabom, Michael(1998), Light and Death, Michigan : Zondervan Pub.

Woerlee, G.M(2011), Could Pam Reynolds Hear A New Investigation into the Possibility of Hearing During this Famous Near-Death Experience, Journal of Near-Death Studies, 30. 3-25.

The New York Times(2016. 2. 2), A New Vision for Dream of Dying, End-of-Life Dream and Vision, www.hospicebuffalo.com

3. 장상례의 미학

관혼상제는 인생의 주요 대사다. 장례는 혈육의 정에서 시작해 예의 (제례)로 마감하는 죽은 자에 대한 의식이다. 죽음-가족-장례라는 삼각 구조를 이루며 망자를 하늘로 보내는 것이다. 누구나 경험하는 것이지만 장례식장 문턱을 들어서면 그곳은 산 자의 세계가 아니라 죽은 자를 추모하는 독특한 향촉(香燭)을 피운다. 향내는 산 자와 죽은 자의 두 세계를 갈라놓는다. 향은 이승과 저승을 연결하는 냄새로 혼을 불러온다. 촛불은 죽은 자가 광명을 찾아가도록 인도하는 빛이다. 혼백이 오락가락하는 듯한 곳이 장례식장이다.

인간은 죽은 자를 매장하는 유일한 동물이다. 약 10만 년 전 크로마뇽인 시대부터 무덤이 있었다고 인류학자들은 말한다. 그때도 시신을 격리시켰다. '주검-부식-백골'로 변해 가는 모습이 무서운 것이다. 공포와 혐오감 때문일까. 네안데르탈인들도 일종의 가족묘를 만들어 처리했다.(Elias, 1985) 죽음에 대한 사회적 인식이 다르지만 20세기로 들어오면서 시체는 위생적으로 기술적으로 악취 없이 신속하게 처리되어 화장장 혹은 무덤으로 돌아간다.

요즘은 장례를 치르는 사람들, 즉 가족과 친지, 친구의 손을 떠나 돈을 받고 처리하는 장례사들의 손에 맡겨 처리되고 있다. 장례절차는 우리나라의 경우 염습(殮襲)부터 시작되는데 관 속으로 들어가기 전에 몸을 씻기는 것(우리의 전통은 시신을 씻긴 후 베끈으로 꽁꽁 묶는다), 출상(出喪)으로 상여나 영구차로 그동안 살던 집을 떠나는 것, 하관(下棺)이라 하여 땅속으로 혹은 화장터 불꽃 속으로 들어가는 것이다. 이때를 우리는 안장(安葬) 혹은 영면(永眠)했다고 하는데 '잘 묻었다'는 뜻이다.

이 장례식과 망자에 대한 제례풍습, 시신처리 과정은 지역마다 민족마다 다르다. 티베트의 장례풍습은 시신을 들판이나 산에 던져 놓고 새와 들짐승들의 먹이가 되게 한다. 조장(鳥葬) 또는 천장(天葬)이라고 하는데 시신을 독수리에게 먹여 뼛조각 하나 남지 않게 하늘로 돌려보내는 이른바 자연천장이다. 소설가 박범신이 쓴《카일라스 가는 길》(2017)에서 티베트인들은 죽음을 끝이라고 생각지 않으며, 또한 산 자와 죽은 자로 나뉘는 것이 근원적인 이별이라고 생각지도 않는다. 티베트의 장례식에서는 슬퍼하는 사람을 보기 어려운데, 그것은 인간의 죽은 영혼이 하늘로 올라간다는(靈魂上天) 믿음이 있기 때문이다.

인도 역시 시신 처리가 색다르다. 갠지스강에는 가난한 유족들이 초벌구이 같은 시신을 강물에 던지고 한쪽에서는 목욕을 하고 그 물을 마신다. 또 지금은 없어졌지만 옛날 인도 힌두교 전통으로 사티(Sati) 풍습이 있었다. 남편이 죽은 뒤 부인이 남편의 시신을 화장하는 불에 뛰어들어 남편과 함께 죽는 일종의 강제적·자발적 죽음이다. 여성들은 냉대를 받으며 과부로 사느니 사티가 되기를 택하는 것이다.

몽고 유목민의 '죽음 의식'은 어떨까. 옛날 이야기지만 나이 들어 삶이 버거워지며 노인은 죽음을 준비한다. 그를 위해 성대한 잔칫상이

차려지고 노인은 양의 엉덩이 비계를 입안에 넣는다. 이때 막 걷기 시작한 손자가 입안에 든 양의 넓적다리뼈를 툭 쳐서 고깃덩어리를 목구멍 안으로 밀어 넣으면 노인은 숨이 막혀서 세상을 떠난다.(이영산, 2017)

중국의 장자는 '사생일여(死生一如)', 즉 죽음과 삶을 하나로 보았다. 그는 죽음(死)을 먼저 앞세우고 있다. 죽음을 앞두고 있는 장자에게 제자들이 장례 문제를 물었을 때 시신을 들판에 던져 놓으라고 했다. "나는 하늘과 땅을 널(棺)로 삼고 해와 달을 한 쌍의 옥으로 알며 별을 구슬로 삼고 세상 만물을 내게 주는 선물"이라고 생각하고 자기 장례를 치르지 말라고 당부했다. 죽어서 자연이 되어야 한다는 뜻이다.

장례식도 긴 죽음의 한 과정이다. 흔히 '뼈를 묻는다'는 말은 육체 세포의 해체를 의미한다. 우리나라의 경우 전남 완도군 청산도의 장례 문화에서 보듯 예부터 가(假)매장 형식의 '초분(草墳)'이라는 무덤이 있었다. 이승과 저승의 중간 지점에 있는 초분은 3~7년간 관리하다가 좋은 날 골라 다시 본 매장을 하던 풍습이다. 옛날에는 자연매장을 했는데 주로 특별한 관이나 장례식 절차 없이 땅에 묻는 것이었다. 요새처럼 냉동보관하지도 않았다.

근대 사회로 넘어오면서 화장(火葬)이 일반화되고 있다. 우리나라는 장례문화가 성장하면서 2014년 화장률이 79.2%로 나타났다. 선진국 수준인 80%에 이르렀다. 녹색매장(green burial)으로 시신을 화장해 산골 상태로 납골묘, 수목장, 잔디장, 화초장, 바다장으로 치르는 것이다. 보건복지부에 따르면 최근 화장률이 20년 전인 1994(20.5%)에 비해 2016년 82.3%로 높아져 4배 이상 증가했다. 그러나 시신을 땅에 그대로 매장하는 풍습도 여전하다. 우리나라는 현재 약 2,100만 기의 묘지가 있는데 전 국토의 1%인 1,000km²를 차지하고 있다. 묘지 면적은 해마다 여의도 면적만큼 느는 추세다.

필립 아리에스가 쓴《죽음 앞에서》(2004)를 보면 묘지는 2~3세기부터 등장했다. 로마와 폼페이에서는 살아 있는 사람과 죽은 사람을 분리하는 의미에서 죽은 사람들이 도시 외곽으로 밀려났다. 그러나 16~17세기에는 도시에 묘지를 만들어 동네사람들의 산책 코스, 공공장소가 되었다. 지위나 명성을 얻지 못한 사람들도 도시 외곽이 아닌 도시 한가운데 묻힐 수 있었다. 19세기에 접어들면서 죽은 사람에게 아름다운 속옷에다 정장을 입혀 침대에 안치하고 죽음의 순간을 보도록 했다.

사실 묘지란 너무나 강력한 심리적 상태를 유발한다. 주검에 대한 두려움과 공포감이 충격적이다. 반면에 주검, 무덤을 우리 삶 안으로 끌어들여 죽은 자와 계속 소통하고자 한다. 박두진의 시 〈묘지송(墓地頌)〉(1939년)이 그렇다. 그중 한 구절을 소개하면 "살아서 섧던 주검 죽었으매 이내 안스럽고, 언제 무덤 속 화안히 비춰 줄 그런 태양만이 그리우리." 무서운 분위기가 없는 포근한 죽음의 안식처를 느끼게 한다. 늙어가면서 '사라지는 나, 사라지지 않는 나'가 있다는 것을 발견하게 된다.

이렇게 죽음 후에 가는 곳은 무덤이다. 늙어가면서 누구나 양지 바른 곳에 삼천(三泉) 깊이의 현실(玄室 , 幽宅)을 어떻게 마련할까 고민하게 된다. 죽으면 관 속에 묻혀 물리적 해체로 삶의 흔적을 지워 버리기 위해서다. 또한 장례는 산 자로서 죽음에 대한 학습과 장차 올 죽음에 대해 준비한다는 의식이 내포되어 있다. 장례식은 산 자를 위한 행사인 것처럼 산 자의 꿈과 욕망, 죄의식이 죽은 자(유령)을 불러내 위로하는 온 가족의 의식이요 행사다.(장클로드 슈미트, 2015)

■ 무덤친구 만들기

그런데 장수사회가 되면서 죽음과 관련한 상황들이 새롭게 제기되고 있다. 한 가지 사례로, 최근 일본이 초고령사회로 접어들면서 조상 대대로 내려온 묘지를 더 이상 지킬 수 없는 현실이 되었다.(MBC, 2016년 2월 11일) 그래서 비슷한 처지의 사람들끼리 묘(墓)를 공유하는 새로운 풍습이 생겨나고 있어 관심을 끈다. 죽어서 저승 가는 길에 동행할 '무덤친구'(墓友, 하카토모)로, 묘를 공동으로 구입해 같은 묘에 들어갈 친구다. 생전에 죽어서 들어갈 묘지 계약을 하고 계약자끼리 친목을 도모해 가면서 인간관계를 형성해 가는 것이다. 같은 부지에 묘를 쓰기 때문에 조금이라도 가까이 지낼 수 있을 뿐만 아니라 같은 생사관을 공유하기 때문에 가까운 친구가 될 수 있다.(일본 후지TV, 특별편, 하카토모, 2014년 4월 5일)

특히 비슷한 처지의 고령자들이 공동주택 혹은 요양원에서 거주하는 사람들끼리 전망 좋은 묘터(납골당)를 정해 놓고 묘친구가 되어 그곳을 자주 찾아보며 위로를 받는 것이다. 보통 친척이 아닌 남남끼리 자식이 없는 독거노인들이 죽은 후에 묘를 같이 공유하는 새로운 인연을 만드는 것이다. 원래 일본 사람들은 주거공간을 여러 사람이 함께 쓰는 공유의 전통이 있다. 가족단위로 여러 가족의 유골을 안치할 수 있는 석조 납골당을 사용하고 있다. 꼭 가족끼리가 아니더라도 여러 사람이 하나의 납골묘를 마련해 공유하는 사례들이 많다.

이렇게 무덤친구가 화제가 된 배경에는 고령화사회 속에 독거노인 혹은 1인 가족이 늘어나면서 생겨난 풍습이다. 가족들과 함께 지낼 수 없는 사람이 늘어나고 묘를 계승할 사람이 없는 가정, 즉 자식 없는 부부, 황혼이혼을 한 사람, 자식이 있어도 어리거나 장애자가 있을 경우 묘지 관리가 어렵기 때문에 이 같은 방법을 택하는 것이다.

그 밖에 이 같은 현상은 2012년 일본 NHK 무연사회 프로젝트 팀이 발간한 《무연사회(無緣社會)》라는 책에서 밝혔듯이 사회변화와 무관치 않다. 무연사회는 인간관계가 끊어지면서 바로 옆집에 사는 사람의 죽음조차 모르는 사회를 말한다. 비슷한 의미로 '무연사(無緣死)'가 있는데 이는 모든 인간관계가 끊어진 상태에서 '혼자 살다 혼자 죽는' 버려진 죽음이다. 모두 현대사회의 질병이 아닐 수 없다.

참고자료

아리에스, 필립(Aries, 2004), 《죽음 앞의 인간》, 고선일(역), 서울 : 새물결
이영산(2017), 《지상의 마지막 오랑캐》, 서울 : 문학동네.
장클로드 슈미트(2015), 《유령의 역사 : 중세사회의 산 자와 죽은 자》, 주나미(역), 서울 : 오롯.
Elias, N(1985), The Loneliness of the Dying, Oxford : Basil Blackwell.

8장
미래의 죽음 : 올바른 죽음

죽음의 승리 페트라르카의 《개선》의 프랑스어판 삽화 1503년

우리가 "왜 죽음을 공부해야 하는가"라는 질문에서

'죽음의 미래'를 찾아보는 것이다.

우리는 죽음이란 현실을 인정하지 않거나 무시하면서

그 불편한 진실을 잃어버리고 살아오지 않았던가.

죽음이 언제 올지 모르지만,

그러나 죽음을 준비한다는 것은 가능한 일이다.

미안한 얘기지만 70~80세대 이상에게는 죽음이 가까이 다가오고 있는 시점, 동시에 불멸의 꿈, 영원을 갈망하는 죽음과 불멸을 분리할 수 없는 순간이 다가오고 있다고 느낄 것이다. 그럴수록 사람들은 오래 살아 뭔가 못다 한 일을 아쉬워하고 누군가의 기억 속에 남고 역사에 흔적을 남기려고 한다. 진정한 삶이란 누군가의 기억 속에 살아가는 것, 그것은 영원으로의 갈망이 크기 때문이다.

인간은 누구나 생명의 질감을 느낀다. 분명히 '죽음이 삶의 적이다'라고 여기지만 인간은 영생을 꿈꾼다. 미래생명기술의 혁명적인 잠재력은 인간의 몸과 마음, 즉 호모사피엔스 자체를 변화시킨다는 말이 있다. 죽음을 가능한 지연시키고 건강한 삶을 유지하기 위한 '맞춤의학'이 개발되고 있는 것도 장수 불사의 꿈을 실현하려는 노력이다. 하지만 그렇게 오래 살아간다고 할 때 실제로 '무병장수' 시대가 실현될까.

1. 죽음의 미래 : 인간 불멸의 세기

왜 우리는 죽음에 대해 관심을 갖는가. 죽음은 우리 삶에서 어떤 의미를 주는가. 인류 탄생 이후 인간의 죽음에 대한 고민(고통)은 달라지지 않았다. 미래란 죽음에 이르는 시간일 뿐이다. 그렇기에 세월이 지나도 변할 수 없는 죽음에 대한 성찰은 인간 존재론적 고통의 문제다. 특히 노인들은 죽음에 한 발 더 가까운 거리에 있다. 고령화사회에서 노인들은 '불안한 존재'로서 가족과 사회로부터 골칫거리가 아닌 '모든 사람으로부터 사랑받다가 죽어가는 삶'으로 살아갈 수 있기를 소원한다. 죽음의 문화를 멀리 할 것이 아니라 다시 물어보고 이해해야 할 대상이니 그렇다.

죽음은 우리의 숙명이다. 죽음은 노화과정의 끝이다. 생물학적 세포의 소멸이 곧 죽음이다. 죽음은 신체의 노화과정 속에 서서히 진행되는 피할 수 없는 길이다. 늙어가면서 온갖 수술로 몸이 망가지고 정신은 피폐해진다. 통증, 구역질, 섬망(delirium) 등으로 더 이상 정신적인 삶을 살 수 없게 된다. 노화과정에서 세균감염, 기아, 전쟁, 심장마비, 뇌졸중 등 질병을 겪다가 죽게 된다. 많은 사람들이 얼마 남지 않는 삶을 처절하게 연장시키려다 결국 죽음에 도달한다. 죽음은 거부하거나 부정한다고 오지 않는 것도 아니고 나이가 많아서 오는 것도 아니다.

세익스피어는 가능한 죽음을 생각하지 말라고 했다. 에피쿠로스는 죽음을 생각하지 않으려 했다. 그는 '메네케오스에게 보낸 편지'에서 "죽음이 있다면 우리가 없을 것이고 우리가 있다면 죽음이 없는 것이다"라고 했다. 죽음이란 그 정의상 비존재이기 때문에 생각하는 것 자체가 불가능하다는 얘기다.(베르줄리, 2007) 또한 비슷한 말로 '메멘토 모리(Memento mori)'라는 말이 있다. "자신의 죽음을 기억하라" 또는 "너는 반드시 죽는다는 것을 기억하라"는 라틴어 말이다. 로마 철학자 키케로는 죽음과 관련해 "지혜로운 사람에게는 삶 전체가 죽음에 대한 준비"라고 했다.

따라서 잘 죽기를 원하는 마음에서 미래의 죽음이 어떤 것인지 살펴보는 것은 중요한 주제다. 누구나 늙으면 잘 사는 것보다 잘 죽기(Well dying)를 소원하지 않는가. 차가운 병실에서 홀로 죽는 것이 두려운 것이다. 치명적인 질병을 앓더라도 수술과 항암치료 사이에서 고통 없이 삶을 마감하고 싶은 마음이다. 젊어서는 '잘 살기' 위해 열심히 일했지만 늙어서는 '잘 죽기'를 원한다. 잘 죽는 것은 곧 '좋은 죽음'으로 생을 끝맺는 것을 의미한다.

■ 죽음의 미래는 어떨까

20세기 전까지 죽음은 섹스와 함께 금기 대상이었다. 그 이유는 죽음 자체가 공포 혹은 두려움이었기 때문이다. 죽음은 단지 병원의 전문 영역이었고 의사 판단에 의해 생존 여부가 확인되었다. 19세기는 신 중심

주의에서 벗어나 '신의 죽음'을 선언했고, 20세기는 '인간의 세기', 즉 인간 중심주의로 이어져 왔다면, 21세기는 '죽음의 문제'를 해결하는, 즉 인간이 신이 된다는 인간 불멸의 세기로 발전하고 있다는 예측이다. 특히 21세기는 죽음과 노화에 대한 관심거리로 등장한 가운데 죽음의 문제가 단순히 필연의 자연현상으로 받아들이기보다는 적어도 150세 이상 살 수 있다는 것이다. 생명과학의 발달로 수명을 얼마든지 연장할 수 있는 상황에서 인간이 죽는다는 것은 일종의 의학의 실패 내지 실패한 사업으로 생각하게 된 것이다.

따라서 과학혁명으로 인해 형이상학적 현상으로 인식되어 온 인간의 죽음마저 달라질 수 있다는 예측이다. 4차산업혁명의 끝은 '길가메시 프로젝트' 혹은 인간의 뇌를 컴퓨터로 복제하는 '블루브레인 프로젝트(Blue Brain Project)'로 모아지고 있다. 길가메시는 영원히 사는 것이며, 블루브레인은 뇌를 컴퓨터로 대체하는 작업이다. 인체의 고장난 부분을 바이오 기술로 대체하는 것이다.(www.str.org)

다시 말해 21세기에 들어와 유전자는 결코 늙지 않는다는 것, 늙은 유전자를 몰아내면 질병은 물론 장수할 수 있다는 주장이다. 슈테판 클라인(Klein, 2006)은 인간을 불멸할 수 있는 존재로 보았고, 유발 하라리(Harari, 2015)는 《사피엔스》에서 죽음마저 기술적인 문제로 치환이 가능해졌다고 보았다. 인류는 시간과 공간의 제약을 벗어날 수 있는 지점에 도달했고, 이제 인류는 인지혁명, 생명과학혁명을 통해 신의 영역까지 확대되고 있다는 것, 신이 될 것인지 파멸할 것인지 선택의 기로에 섰다고 했다.

이렇게 현대과학은 인간을 생물학적 존재로 보고 의학이나 유전자 기술 같은 테크놀로지에 의해 생명의 한계를 극복하는 연구가 한창 진행되고 있다. 다시 말해 인간의 정신이 없어지는 '몸덩어리'에 대한 건강유지, 질병 치유, 성공적 노화방지를 통해 죽음을 극복하려는 것이 생명공학의 핵심이다. 영원한 죽음도 이제는 인체의 부품을 갈아 끼우듯 재생되는 사이보그 인간들이 출현하고 있는 것도 이를 뒷받침한다. 죽음마저 기술적인 문제로 치환이 가능해졌다고 보는 것이다.

미국 GE사가 선정한 미래 신기술인 '마인드 매핑(mapped mind)'도 마찬가지다. 뇌의 언어구조를 이해하며 뇌 관련 질병을 극복하는 기술이다. 마인드 매핑은 세포분석 뇌회로 MRI 장비를 이용한 뇌 연구가 포함되어 있다.

한편 철학자, 신학자, 심리학자들은 종종 죽음을 '신의 선물'이라고 말한다. 철학은 죽음을 아무것도 아닌 것처럼 우리를 설득시키려 한다. 그러나 삶이 죽음으로 끝나는 것이 무의미하고 허무한 것이지만 죽음은 인간의 근본적인 물음이요 앎의 대상이다. 죽음이 철학과 문학예술에서 형이상학적 명제였으나 이제는 실용적이고 현실적인 삶의 조건으로 받아들여지고 있는 분위기다. 현실적으로 '죽음의 시계(The Death Clock)'를 통해 당신이 죽을 날을 알려준다는 웹사이트(www.death-clock.org)도 생겨나고 있다. 죽음의 설문조사를 통해 '나는 언제 죽을까'를 계산하는 방법이 소개되고 있을 정도다.

따라서 우리가 "왜 죽음을 공부해야 하는가"라는 질문에서 '죽음의 미래'를 찾아보는 것이다. 우리는 죽음이란 현실을 인정하지 않거나 무시하면서 그 불편한 진실을 잃어버리고 살아왔다. 죽음이 언제 올지 모르지만, 그러나 죽음을 준비한다는 것은 가능한 일이다. 그런 이유에서 죽음의 문제가 어떻게 변할 것인가를 찾아보기로 하자.

1) 죽음은 선택이다

현대는 장수사회의 도래와 함께 생명 연장이 불가능할 경우 스스로 죽음을 선택할 수 있는 추세로 발전하고 있다. 장기이식, 신약 개발이 활발해지는 등 생명공학이 날로 발전하고 있지만 동시에 죽음에 대한 관심도 높아지고 있다. 스위스 기자 출신인 오스발트(Oswald, 2014)는 '자유로운 죽음'을 말한다. 자유로운 죽음은 의사의 도움을 받아 죽음의 천사라는 약을 먹고 스스로 목숨을 끊는 것이다. 안락사, 존엄사를 받아들이는 것이 세계적 추세와 무관치 않다.

앞서서 언급했지만 우리나라 역시 웰다잉법이라는 '호스피스 완화의료와 연명의료 결정에 관한 법률'의 법제화가 이루어져 2018년 2월부터 시행되고 있다. 불치병에 걸려 힘든 삶을 살아갈 때 더 이상 존엄이 깨지는 삶에 대해 '죽음의 천사' 약을 택하는 경우다. 자연사의 범주인 존엄사를 인정하지 않는 나라에서는 죽을 권리를 청구하는 소송도 일어나고 있다.

2) 노화와 죽음의 관계가 규명된다

향후 인간은 유전공학 나노기술, 뇌-컴퓨터 인터페이스 기술로 수명이 무한대로 연장되는 생명체를 갖게 된다는 진단이다. 생물학적 노화

과정의 연구를 통해 인간의 수명이 연장될 수 있다는 과학적 증거가 확보되고 있다. 2020년 노화의 요인을 제거하는 신약 개발이 임상실험단계에 들어갔는가 하면, 2030년쯤에는 미국 식품의약국(FDA)에 노화억제 치료의 상용화 승인을 요청하는 역사적 순간이 찾아온다. 마침내 불로장생약이 개발되는 셈이다.

더 나아가 노화는 치료될 수 있는 질병일 뿐이라면서 말단소립복원 효소인 '텔로머레이스(Telomerase)'가 체내에서 계속 생산되면 노화를 막을 수 있다고 한다. 인간은 세포분열이 계속 일어날수록 염색체 말단의 염기서열 부위인 텔로미어(Telomere) 길이가 조금씩 짧아지면서 결국 죽게 되는데, 이 텔로미어 생산을 촉발하는 효소인 텔로머레이스로 인해 텔로미어가 길어지게 되면 20대 청년처럼 젊어질 수 있다는 얘기다.

3) 죽어도 살아 생존의 뇌 기억을 보존할 수 있다

미래사회에 메모리와 정보처리속도의 발전은 인간의 감각 인지 능력을 지금보다 월등한 초지능(Hyper-intelligence)으로 만들 수 있다고 한다. 뇌의 무게는 1.4kg, 부피는 2 l 이지만 1,000억 개의 세포로 구성된 뇌의 지각 능력은 컴퓨터보다 배가 빠르다. 이런 뇌 속에 행복감을 넣고 나쁜 기억을 빼내는 뇌신경세포 연구가 한창이다.

미치오 가쿠(Michio Kaku, 2014)는 뇌의 구조, 즉 뉴런(뇌신경세포) 연결 지도가 완성되면 뇌가 어떻게 인간의 의식과 사고를 구성하는지 알게 된다는 것, 그리고 뉴런 간 신호를 디지털 데이터로 전환해 뇌 속의 정보를 컴퓨터에 저장하고 아이언 맨처럼 뇌를 원격제어복(Exoskeleton)에 연결할 때 기계로 된 팔다리를 제어할 수 있게 된다고 한다.

영국 작가 아서 클라크(Clarke, 1917~2008)는 1956년에 쓴 과학소설 《도시와 별들(The City and the Stars)》에서 미래를 10억 년으로 설정하고 사람의 마음을 컴퓨터의 기억장치에 저장하는 시대가 온다고 했다. 컴퓨터에 저장하는 새로운 몸으로 다시 태어나는 영원히 사는 사람들의 진보된 도시의 생활상을 상상했다. 사람이 죽으면 몸은 소멸되지만 마음은 영생을 누리게 된다는 것이다. 이쯤 되면 인간이 거의 신의 영역에 도달하는 것이 아닌가 싶다.

4) 인체 냉동보존기술로 삶과 죽음의 기간을 조정한다

공상영화 이야기처럼 들리지만 인체냉동보존(cryonics)은 죽은 시신을 냉동 보관해 두었다가 보다 발전한 미래과학기술을 이용해 소생시킨다는 것이다. 즉 죽은 사람을 액체질소 냉동실에서 최저온도 영하 섭씨 196도로 급속히 냉동 보관했다가 몇십 년 후 의학기술이 발달되어 현재의 모든 불치병을 고칠 수 있을 때 소생시켜 치료할 수 있다는 이론이다.(Beb Best, 2012) 이 같은 인체냉동보존기술 개념을 제시한 최초의 사람은 《냉동인간》을 기술한 로버트 에틴거(Ettinger, 2005)다.

물론 현재 죽어서 저온 보존된 사람이나 다른 동물을 현재의 기술로 소생시킨 실례는 아직 없다. 그러나 이런 극저온보존(Cryofreezing) 방식은 미래의 소생기술로 만들어질 것이라는 전제를 깔고 있다. 물론 복제인간이 태어날 때 본래 인간의 기억까지 복제되느냐가 문제인 것처럼 뇌의 기능까지 재생되어 모든 기억을 다시 살려 낼 수 있느냐가 최대

관심거리로 남아 있다. 생명과학기술, 장기이식 등의 안티에이징 기술 역시 전 세계적으로 발전되면서 인체냉동보존기술도 획기적으로 개선되면서 잠자다가 다시 일어나는 식의 장수사회가 올 것으로 예상한다.

5) 장례산업이 성장한다

노령인구가 증가하면서 죽음과 관련해 시신처리, 유품처리, 장례박람회 등 미래산업 중에서도 장례산업(funeral industry)이 다양하게 발전할 것이다. 초고령사회에서 바쁜 일정 때문에 고향을 찾을 수 없는 사람들을 위해 인터넷 생중계로 추도식을 올리게 될 것이다. 또한 망자에 대한 인터넷 문상이 일반화된다.

미국과 일본에서는 '우주장례'도 등장했다. 사망하면 영혼이 하늘로 올라가는 소망이 담긴 장례다. 죽은 사람의 유골을 로켓에 실어 우주로 보내는 방식이다. 대기권을 벗어나면 실려 있던 유골함이 우주 공간으로 떨어져 돌게 된다. 참고로 우주 장례비용은 우리 돈으로 450만 원 정도, 인공위성에 실려 240년간 지구 궤도를 도는 데는 950만 원 들어간다고 한다.(MBC뉴스, 2016년 2월 11일)

6) 내 집이 아닌 밖의 공공시설에서 죽는다

옛날에는 대개 가정에서 죽었다. 세상 어느 집도 죽어나간 집이 없을 정도다. 집안이라도 바깥채 방에서 죽는 것이 아니라 안방으로 옮겨 죽도록 했다. 안방이 아닌 다른 곳에서 죽으면 객사로 여겼기 때문이다. 그러나 오늘날에는 가정에서 사망하는 비율이 줄어들고 있다. 즉 가정에서 죽은 사람은 전체 사망자 중에 18.8%(2012년 기준)에 불과해서 현재 80% 이상이 의료기관과 사회복지관에서 죽는다.

특히 호스피스 완화서비스가 발전하면서 말기암 환자들이 호스피스 병동에서 편안한 죽음에 들도록 하는 서비스도 발전하고 있다. 호스피스제도는 환자뿐만 아니라 가족에게 신체적 치료와 더불어 정신적 치료까지 병원이 제공하는 것으로 이런 호스피스 병원은 우리나라의 경우 전국에 총 62개소에 병상 수는 900여 개에 불과하다. 하지만 고령인구가 늘어나면서 호스피스 병동은 점차 확대될 전망이다. 2015년 7월부터 호스피스(완화의료)에 건강보험이 적용된다.

7) 노인 자살률이 높아진다

우리나라 자살률이 높다는 것은 노인들의 자살률이 높기 때문이다. 노인 자살률은 10만 명당 81.9명(2012년 기준)으로 세계 최고다. 노인의 자살 원인은 질병, 가난, 고독, 사회적 관계 단절 등 4중고를 겪는 데 따른 것이다. 높은 자살률은 현재의 삶이 불만족스럽다는 것이고, 낮은 출산율은 미래의 삶이 불안하기 때문이다. 물론 가족 해체 등 사회변동에 따른 고민이 많다. 현시대 노인들은 대가족제에서 성장해 핵가족 시대에 인생의 황혼기를 맞는 사람들이다.

게다가 앞으로 충동자살도 늘어날 것이다. 우리나라가 자살공화국이라는 말을 듣지만 체면을 중시하는 한국 사회 및 가족에 대한 강한 반감과 저항으로 충동적 자살을 택할 수 있다. 노인들은 내 힘으로 바꿀 수 없는 세월의 힘을 원망하며 죽음을 택하게 되는 것이다.

8) 홀로 죽음 : 무연사, 고독사가 증가한다

노인이 되면 세상과 이어지는 끈(가족 혈연)을 놓쳐 버리고 외톨이로 살다가 홀로 죽는 경우가 생기는데, 이를 무연사 혹은 고독사라고 한다. '무연고 사망자'로 확인될 경우 장례식도 없이 직장(直葬)된다. 그 이유야 많겠지만 가족 해체 및 핵가족화에 따른 것이다.

산업화 이전 세대는 한집에 2대 이상이 살았지만 이제는 10% 이하만이 한지붕 아래 2~3세대가 살고 있다. 보건복지부에 따르면 전국 16개 시도의 독거노인 비중이 총 137만9,000여 명이다. 전체 노인인구의 20% 이상이 혼자 살고 있는 것이다. 통계청의 '장래인구추계'에 따르면 2035년에는 1인 가구 중 65세 이상 노인 가구가 45%에 이를 것으로 전망한다. 오래 살수록 혼자 살 가능성이 높아진다는 얘기다.

그래서 노베르트 엘리아스(Elias, 2012)는 현대인의 풍요로운 시대 속에서 평균수명이 늘어나고 있지만 오히려 '고독사, 홀로사' 하는 사람들이 늘어나고 있다는 진단이다. 우리나라 역시 하루에 4.7명이 홀로 죽음을 맞이한다고 한다. 이른바 '문명화 과정'에서 홀로사 혹은 고독사는 계속 늘어날 전망이다.

9) 죽음(임종) 체험 프로그램이 인기를 끈다

죽음에 대한 훈련으로 가상 임종 체험 프로그램들이 개발되고 있다. 웰다잉, 임사 체험, 입관 체험 등 각종 체험 프로그램이 지방자치단체는 물론 종교단체와 시민단체 등에서 이루어지고 있다. 영정사진 찍기, 유언장 쓰기, 수의 입고 관 속에 누워 보기 등 가상 임종 체험을 통해 지금까지의 삶을 되돌아보고 새로운 삶을 리셋하기 위한 프로그램들이다.

노인들은 죽음이 언제 찾아올지 모른다는 절박감에서 죽음을 준비하는 과정으로 받아들인다. 100세 시대 자살률도 높고 생명 경시 풍조가 심화되는 요즘 삶과 죽음에 대한 의미를 되찾는 계기가 된다. 죽음에 대한 인식을 바꿔 남은 인생을 '당하는 죽음이 아니라 맞이하는 죽음'으로 자기주도적으로 살아가자는 의미에서 유익한 프로그램들이 관심을 끈다.

따라서 인간은 생명공학 분야의 인간복제, 배아복제, 바이오 의약품에 집착하는 모습이다. 그 이유는 인간의 생명 연장과 고통 감소를 위해서다. 2010년부터 시작된 4차산업의 대표적인 기술도 역시 인공지능, 3D프린팅 나노 및 바이오 테크롤로지다. 로봇 인공지능을 탑재한 로봇과 인체에 결합되는 사이보그 기술이 하루가 다르게 발전하고 있다. 디지털 바이오 나노기술 융합에 따른 장수의 소망, 안티에이징 시크릿이 개발되면서 건강한 생활, 죽음의 문제까지 조절할 수 있다는 것이 생명공학계의 예측이다. 호모사피엔스는 몇 세기 지나지 않아 사라지고 생명공학적으로 거듭나는 신인류는 영원히 살 수 있는 사이보그가 등장할 것으로 본다.

문제는 죽음을 연장시키는 데는 성공하고 있지만 노화 자체를 본질적으로 억제, 지연, 방지하는 데는 아직 갈 길이 멀다. 오히려 새로운 생명공학이 발달할수록 생명의 불평등이 확대되고 있지 않은가. 인간은 새로운 삶을 만들어가는 데 매우 유능하지만 이 같은 힘을 더 큰 행복으로 전환하는 데는 매우 미숙한 것이다.

이와 관련해서 죽음과 노화 관련 트렌드는 고대사회처럼 죽음을 자연스러운 현상으로 받아들이면서 인위적인 생명 연장 같은 의료기기에 의존하지 않는 친숙한 죽음으로 받아들이는 분위기다. 미국의 퓨리서치센터(Pew Research Center)가 실시한 설문조사를 보면, 미국인 56%가 노화억제제 개발 및 새로운 의학치료로 더 오래 사는 것에 대한 부정적인 생각을 하고 있다. 단순한 생명 연장이 인간 생존에 필요한 동기를 잃게 할 수도 있다는 이유에서다.

참고자료

베르트랑 베르줄리(Bertrand Vergely, 2007), 《슬픈 날들의 철학》, 성귀수(역), 서울 : 개마공원.
월리 오스발트(Ueli, Oswald, 2014), 《죽음을 어떻게 말할까 : 아버지와 함께 한 마지막 한 해》, 김희상(역), 서울 : 열린책들.
Amery, Jean(2014), 《늙어감에 대하여 : 저항과 체념 사이에서》, 김희상(역), 서울 : 돌베개.
Beb Best, http://www.benbest.com/cryonics/Cry, A Summary of the First 21CM.
Elias, N(1985), The Loneliness of the Dying, Oxford : Basil Blackwell.
Ettinger, Robert.(2005), The Prospect of Immortality.(Charles Tandy ed), Canada : Ria University Press.
Harari, Yuval(2015), Sapiens : A Brief History of Humankind, New York: Harper Collins.
Klein, Stefan(2006), The Science of Happiness : How Our Brain Make Us Happy- and What We Can Do to Get Happier. New York: Marlowe& Company.
Michio Kaku(2014), The Future of the Mind : The Scientific Quest to Understand, Enhance, and Empower the Mind, New York : Random House.
www.pewforum/2013/08/06/living-to-120-and-beyond-americans.

2. 오래 사는 것이 축복일까?

"100세를 살아왔는데 다시 30년을 더 보장받는다면 그것은 선물일까, 저주일까?"

만일 "500세까지 사는 게 좋은가?"라고 묻는다면 대답은 '네, 나쁘지는 않아요' 혹은 '끔찍한 일'이라는 상반된 반응을 보일 것이다. 그러나 누구나 본능적으로 막연히 오래 사는 꿈을 가질 것이다. 사실 그것이 불가능한 것도 아닌 듯하다.

현대의학의 발전, 노화방지 노력, 생명 연장 등 생명과학과 연결된 헬스케어스타트업(헬스케어+IT)이 발전하면서 400~500세까지 살 수 있다는 이야기가 나오기 때문이다. 현재의 의료방법에서 유전자 정보에 기초해 병을 예방하는 오믹스(OMICS, 생명정보연구서비스) 의료방법으로 140년 이상 살아갈 것으로 내다본다.(다카시로 쓰요시, 2015)

그런데 오래된 신화에서 나오는 티토누스(Tithonus)나 무녀 시빌레(Sibylle)처럼 우리는 은연중에 오래 살겠다고 신에게 애원한다. 하지만 영생을 얻고도 건강을 잃어 자신의 생명을 거둬 달라고 애원하는 모습은 역설적으로 장수의 저주로 느껴진다. 영생을 얻어 봐야 건강하지 못하면 아무 쓸모 없는 삶이 아닌가. 중요한 것은 건강이 제일이라는 사실을 암시한다.

■ 에오스와 티토누스─장수의 저주

그리스 신화에 나오는 새벽의 여신 에오스(Eos)는 인간에 대한 사랑과 열정에 사로잡힐 때가 있다. 에오스는 태양신 히페리온(Hyeprion)의 딸이다. 로마 신화에 나오는 오로라(Aurora)에 해당된다. 에오스가 사랑한 남자는 트로이의 왕 라오메돈(Leomedon)의 아들 티토누스(Tithonus)였다. 티토누스는 비너스(Venus)의 사랑을 받던 미소년이었다. 에오스는 티토누스를 무척 사랑하지만 그가 점점 늙어가는 모습이 안타까웠다. 그래서 불멸의 생명을 관장하는 제우스에게 연인 티토누스를 오래 살게 해달라고 애원한다. 그러자 제우스는 그녀의 청을 들어주었다. 여신과 티토누스는 오세아누스 물가에서 사랑을 나누며 행복감에 젖었다.

그러나 티토누스는 세월이 가면서 머리가 희끗희끗해지며 젊음을 잃어 갔다. 그녀는 연인이 추하게 늙어가는 모습이 싫어졌다. 티토누스는 너무나 늙어 버려 팔다리를 움직일 수 없는 신세가 되었다. 그는 노년의 질병과 외로움에 시달리며 기나긴 세월을 보내야 했다. 그는 죽고 싶어도 죽지 못했다. 이같은 고통은 에오스의 실수였다. 건망증이 있었는지 제우스에게 영원한 생명과 영원한 젊음을 동시에 부여해 달라는 말을 잊어버렸기 때문이다.

어쨌든 아름답던 티토누스가 점점 약해져 나중에는 앞까지 못 보게 되자 그를 궁궐 안에 가둬 놓는다. 다만 그의 힘없는 소리가 종종 밖으로 흘러나올 뿐이다. 티토누스 또한 영원히 살고 싶었지만 젊음을 잃고 살아가는 재앙 속에 죽음을 구걸하는 것이다. 이를 가엾게 여긴 에오스는 그를 매미(Cicada)로 변하게 만들었다. 티토누스는 매미가 되어 새벽의 여신을 위해 영원히 노래하는 것인지도 모른다.

이 같은 신화를 바탕으로 영국의 계관시인 알프레드 테니슨은 〈티토누스〉라는 시를 남겼다.(Tennyson's poetry Tithonus, 1860) 여기서 시인은 "이제는 늙고 늙어 비너스도 찾지 않지만 그는 죽고 싶어도 죽지 못한다(신이 준 선물은 다시 거둬들일 수 없다는 것). 그는 일하던 농부들도 집으로 돌아가 휴식을 취하고, 일생이 지나면 평생의 노고를 벗어나 평안한 무덤에서 보낼 수 있는데 그런 축복을 잊었구나" 하고 외쳤다. 그것은 "나는 죽고 싶다, 나는 죽고 싶다(I want to die, I want to die)"였다.

■ 쿠마의 무녀 시빌레의 원망

그리스 신화에 나오는 무녀 시빌레는 그리스어로 Sibulla, '예언자'를 뜻한다. 그녀는 영원한 삶을 살 수 없었지만 천년을 살았다고 한다. 이렇게 오래 산 것은 아폴론신이 사랑의 대가로 소원을 들어주었기 때문이다. 그녀는 한 주먹의 모래를 움켜쥐고 모래알만큼의 수명을 달라고 했다. 그녀는 영원한 생명만을 요구했지 그에 따른 젊음을 요구하지 않았던 것이다. 게다가 그녀가 아폴론의 사랑을 거부하자 그는 이에 상응하는 벌로 육체를 늙도록 내버려두었다.

시빌레는 세월이 흘러가면서 점점 육체가 늙고 쪼그라들어 마침내 항아리 속에 담겨 동굴 천장에 매달린 채 살아간다. 번데기 같은 모습으로 "죽음아, 나를 데려가 줘" 하고 힘없는 목소리로 애원했다. 결국 지나가는 아이들의 조롱거리가 되었다.

이 두 신화는 우리의 신체적 허약함, 감정의 노화를 이해하는 스토리다. 티토누스나 시빌레는 영생을 살아간다고 하지만 오래 사는 것이 저주처럼 들린다. 선진국들이 불로장생 프로젝트를 수행하고 있지만 죽을 때 되면 죽어야 하는 것이 자연의 순리다.

누구나 장수를 염원하지만 건강과 젊음을 잃고 살아가는 나약한 존재, 즉 죽음에 가까운 삶은 고통이고 무의미한 것이다. 백과사전의 지식을 다 안다 해도 젊음을 유지하는 불로의 염원, 죽음의 문제를 해결하기 어렵다.

참고자료

다카시로 쓰요시(2015), 『2035년의 세계 : 당신은 어디까지 상상할수 있는가』, 한스미디어.

3. 좋은 죽음을 어떻게 준비해야 할까

죽음을 아는 것, 그것이 곧 삶을 아는 지름길이다. 몸이 곧 생이고 삶이다. 생과 사는 하나를 이룬다. 장자는 "삶과 죽음이 따로 떨어져 있지 않다(生死一如)"고 했다. 그래서 매순간 삶은 죽음과 직결되어 있기에 현재의 순간 또한 소중한 것이다.

다시 말해 당신이 행복해지는 것은 늙음을 받아들이고 죽음을 잘 맞이하는 것이다. 죽음을 알아야 현재의 삶도 이해할 수 있다는 말이다. 죽음에 대한 불안 속에서 자신의 유한성을 철저히 자각할 때 개인은 비로소 자신의 본래성을 회복할 수 있다. 죽음이 없는 세상은 새로운 창조가 없다.

우리가 두 발로 걸어 다니지만 언제 주저앉을지 모른다. 병원에서 고통받는 많은 환자들을 보자. 구급차에 실려 왔다가 바로 돌아가는 사람, 중환자실로 옮겨져 생사의 경계를 넘는 사람, 죽어서 흰 이불보에 싸여 끌려가는 사람, 이것이 생명이고 늙음의 끝은 죽음이라는 사실을 암시한다. 내 죽음에 대해 아무도 대신해 죽을 수 없다는 사실에서 죽음에 대한 이해와 교육이 필요하다. 에리히 프롬은 "생을 통해서 인간은 죽기를 배워야 한다"고 했다.

■ 죽음 교육의 필요성

우리가 살아가면서 좋은 날이 있듯이 죽어가는 과정에서도 좋은 날이 있지 않을까. 늙어서 동네 노인들이 죽어 나가는 모습을 보면서 나도 '꽃상여'를 타고 북망산으로 갈 수 있을까 생각해 본다. 사회활동, 유산소운동, 낙천적인 마음가짐 등을 잘 유지하다가 끝에 가서 육체적 생명과 사회적 생명이 하나로 모아지는 모습, 모든 활동이 정지되는 죽음을 맞이하는 것이 아름다운 죽음이다. 죽음도 탄생과 마찬가지로 준비된 자에게는 '축제'가 될 수 있다. 그러니 당신이 죽으면 사람들이 어떻게 송덕문을 써 줄지를 생각하며 죽음을 준비해야 할 것이다.

플라톤은 《파이돈》에서 죽음의 교육론(Death-educational theory)을 제시하면서 죽음을 알게 되면 고통스런 죽음을 피할 수 있게 된다고 했다. 도처에 널려 있는 힐링 코드, 건강 성공비결이 나와 있어도 밝은 햇살 아래 늙음을 보고 얼음장 같은 죽음을 생각하게 된다. 자신이 죽어서 차가운 드라이아이스 속에 누워 있다고 상상해 보라. 그래서 죽음의 문제는 《논어》학이시습지(學而時習之)에서 말하는 더 배우고 때때로 익혀야 할 대상이다.

늙음과 죽음은 필연이고 일상적인 것이다. 그래서 인생이란 죽어가는 연습에 다름 아니다. 살아가면서 아무 준비 없이 죽음을 맞이하는 사람은 이미 치열한 삶에서 패한 것이나 다름없다.

이와 관련해 죽음에 대한 교육이 세계적으로 폭넓게 이루어지고 있다. 미국은 1960년대 미네소타대학에 '죽음의 준비과정' 혹은 '죽음의 철학' 과목이 개설되었다. 1980년대부터 공립 초 · 중 · 고등학교에 죽음에 관한 교과목으로 '죽음-임종교육'을 가르치고 있다. 또한 학생들에게 인근에 있는 공동묘지를 찾아가 봉사활동(청소)을 하며 죽음의 의미를 깨닫도록 하고 있다.

일본 역시 1980년 초부터 생과 사, 늙음과 젊음, 건강과 질병, 인생관과 생사관 등의 체계적인 죽음 준비 교육이 이루어지고 있다. 독일인 알폰스 더켄은 일본 정부의 지원으로 죽음 준비 교육 프로그램을 심도 있게 진행하고 있다. 일본 정부는 2005년부터 국가예산을 투입해 학생들에게 죽음의 교육과정을 개발해 왔다. 예를 들면 죽음에 관한 책, 만화, 애니메이션, 영화를 통해 다양한 죽음과 관련한 토론을 진행한다. 즉 20세에 죽는다면 너무 일찍 죽는 것인가, 아니면 80세를 살아도 일찍 죽었다고 생각할 수 있지 않을까 하는 식의 토론이다.

그러면 미국 노년학에서 제시하고 있는 죽음 관련 주제들을 살펴보자.(Kearl's thanatology, 2012)

- 죽음의 유형 : 질병(암, 만성질환)에 의한 사망
  사건사고(교통사고, 자연재해)로 인한 죽음
  자살, 고독사(무연고사)
- 죽음과 사회제도 : 죽음과 종교(기독교, 불교, 이슬람)
  정치경제학적 측면-대량학살, 전쟁으로 인한 사망,
  노동 중에 사망, 빈부 차이에 따른 사망 비율,
  죽음과 장기기증제도

- 죽음과 치료 : 병원, 호스피스, 재가치료
- 죽음과 윤리 : 안락사, 존엄사(법적 논쟁)

  죽음의 질, 죽음의 권리(생명에 대한 자기결정권)
- 죽음과 개인의 대처 : 유언장 쓰기, 회고록 쓰기

  배우자 사별 및 홀로서기

  슬픔의 대처

이렇게 외국에서는 '죽음 교육'이 이루어지고 있는데 우리는 아직 구체적인 교육을 하고 있지 않다. 물론 사회복지학과와 대학 부설 평생교육원 등에서 죽음에 대한 소개가 이루어지고 있다. 서강대에서 1978년 '죽음에 관한 강의'가 교양강좌로 개설된 이후 몇 개 대학에서 교양강좌로 개설되어 있을 뿐이다. 아직까지 국가 차원의 공교육 기관에서 죽음에 대한 교과목은 설치되어 있지 않다.

다만 사회교육 프로그램으로 2006년 초부터 서울 봉은사에서 '죽음 체험교실'을 열었다. 2008년 7월 국내 임종체험센터인 코리아라이프컨설팅센터(KLC)는 전남 나주체육관에서 임종 체험 행사가 있었다. 반응은 매우 긍정적이었다.

여기에 참가한 사람들은 임종 체험을 한 후 자신을 돌아보고 주변 사람들과의 관계에서 응어리진 것이 풀렸다면서 잘 죽자는 생각이 절실해졌다고 한다. 관 속에 들어갔다 오니 오히려 잘 살게 됐다는 것이다. 그밖에 국내 학자들이 '한국죽음학회'를 만들어 죽음을 하나의 학문분야로 연구하고 있다. 죽음을 자연스러운 과정으로 이해하고 준비된 죽음을 준비하자는 취지에서다.

한국죽음학회에서 내놓은 웰다잉 10계명은 버킷리스트 작성하기, 건강 체크하기, 법적 효력 있는 유언장 작성하기, 고독사 예방하기, 장례계획 세우기, 자성의 시간 갖기, 마음의 빚 청산하기, 자원봉사하기, 추억물품 보관하기, 사전연명의료의향서 작성하기 등이다. 특히 평소 정신이 맑을 때 유언장을 써 놓는 일도 하나의 죽음의 준비다. 유언의 자유가 모두 보장되는 것은 아니지만 죽음 앞에서만 유언장을 쓰는 것은 아니다. 민법상 유언 방식은 자필증서, 녹음, 공증증서, 비밀증서, 구수(口授)증서 등 5종으로 규정되어 있다.(민법 제1065조) 자필증서에 의한 유언은 유언자가 그 전문과 연월일, 주소, 성명을 쓰고 날인해야 한다.(제1066조 제1항)

덧붙이자면 죽음 준비 교육으로 웰다잉 체험 프로그램이 다양하게 개발되어야 할 것이다. 잘 죽도록 하기 위한 국가 수준의 대책도 필요하다. 연명치료의 제도화, 완화치료제도(호스피스), 간병인에 대한 보험 적용 등 복지정책도 뒤따라야 할 것이다. 세상의 모든 문제의 본질은 같다는 점에서 죽음을 받아들이고 잘 죽기를 준비하는 죽음의 문화가 필요한 시대다.

■ 죽음의 문화 구축 방향

장례식에서 옛날처럼 슬퍼하며 우는 모습은 보기 드물다. 그리고 옛날같이 5일장, 10일장 혹은 남편(아내)의 죽음에 일 년 내내 근신하며 애도하는 분위기도 사라졌다. 이제는 죽음 자체가 비극적 분위기를 느끼지 못하는 장례식으로 변해 가고 있다. 장례관습이 상당히 남아 있지만 '슬픔'이 크게 부각되지 않고 아름답고 고상하게 치러지는 장례로 변하고 있다. 한마디로 전통적 장례의식은 많이 사라졌다. 죽은 남편을 위해 상복을 몇 달씩 입지도 않는다. 마카브르(macabre, 공포와 암울한 분위기)도 거의 없다.

문제는 죽어감에 있어서 단순히 생물의학적·과학적 문제가 아니라 사회윤리적·종교적 문화에서의 딜레마다. 결국 좋은 죽음을 맞이하는 죽음 문화를 만드는 데 있어서는 생명의 가치 존중, 죽음의 질 고양, 자율성이라는 세 가지로 요약할 수 있다.

첫째, 생명의 가치 존중이란 생명 사랑(loving life)이다. 모든 것이 여기서 시작된다. 수많은 죽음이 있지만 문제는 품위(존엄) 있게 죽는 것이다. 미국의 마지막 죽어가는 생명을 존중할 보고서는 로버트우드존슨재단(RWJF)의 '존엄사법(Last Act)'과 캘리포니아 '존엄사법(End of Life Option Act SB128)'에서는 죽음을 선택할 권리를 허용했다. 의사는 남은 삶이 6개월 미만일 경우에 치사량의 약물을 받을 수 있는 처방전을 써줄 수 있다. 존엄사를 택할 경우 반드시 2명 이상이 지켜보도록 했다.

둘째, 죽음의 질을 높이는 것이다. 죽음의 질을 유지하는 데는 물질적·정신적 안정은 물론 완화의료의 질, 국가정책, 국민건강서비스, 호스피스제도, 사회참여 등에 따라 달라진다. 2015년 영국 이코노미스트 산하 EIU연구소(The Economist, Intelligence Unit, 2015)가 '죽음의 질(the quality of death)'을 조사한 결과 한국은 80개 국 중 중상위권에 속하는 18위(73.7점)를 차지했다. 영국, 호주, 뉴질랜드, 벨기에가 선두권이다. 2010년 같은 조사에서 한국은 40개 나라 중 32위에 올랐던 것에 비하면 약간 상승했다. 2010년 조사를 시작한 이래 1위를 차지한 영국은 2015년 조사에서 100점 만점에 93.9점을 받았다. EIU는 죽음에 대한 질과 관련해 사회적 인식, 임종과 관련한 법제도, 임종 환자의 통증 관리제도, 환자 가족들의 심리적 대처방식, 환자의 고통을 덜어주는 완화치료의 수준, 비용 부담 등 27개 지표를 비교 분석한 결과다.

특히 죽음의 질을 결정하는 것은 호스피스 이용률이 중요하다. 말기 암 환자의 호스피스 이용률이 영국 95%, 한국 13.8%(2014년 기준)다. 또한 한국은 CT, MRI 같은 고가 장비는 3~4배 많으나 임종기 환자의 진통 완화를 위한 모르핀 사용량은 영국의 10분의 1 수준이다. 환자의 요청으로 존엄사가 인정되어도 죽는 순간까지는 안전한 돌봄, 호스피스 완화의료 및 통증 조절은 계속되어야만 편안한 죽음을 맞이할 수 있다는 얘기다.

셋째, 죽어가는 환자의 자율성(autonomy in dying and death) 문제다. 환자의 자율성이란 죽음에 임박해서 의식이 있을 때까지 자기 몸을 스스로 관리하는 것을 의미한다. 자신의 욕망과 가치를 스스로 지키는 것이 사회화 과정의 보편적 원칙이듯 죽어가는 과정에서도 역시 자기결정권이 중시된다. 치매에 걸렸을 때 혹은 수술 여부를 결정할 때, 병원(특히 정신병원)에 입원하는 경우에도 존엄한 자율성이 보장되어야 한다. 특히 노인 후기에 들어서면 가족에 대한 의존성이 높아지면서 자율성이 배제되거나 죽어가는 과정에서 무시되는 경우가 많다.(Balducci, 2012) 내 시간 내 마음으로 꽃 같은 시간을 보낼 수 있어야 한다.

실제로 죽음은 사회적 조건, 의료수준, 법률, 종교적 신념에 따라 선택의 자율성이 통제된다. 우리는 질병 치료에 치중하다 보면 환자에 대한 보살핌 내지 환자의 인격적 존엄성과 자율적 선택권이 무시될 수 있다. 의식이 있을 때만이 자기선택권과 결정권 행사가 가능하다. 그러므로 의식이 뚜렷할 때 사전연명의료의향서, 유언장 쓰기 등을 통해 품위 있는 죽음, 준비된 죽음을 맞이하는 것이다.

마지막 환자의 자율성은 순간까지 자기선택권에 기초한 자율성이 보장받는 것을 의미한다. 그럴 때만이 죽음의 순간까지 능동적 주체로서 '죽음맞이'를 할 수 있다. 불교 경전인 '아함경(阿含經)'은 죽음의 준비에 대해 이렇게 가르치고 있다.

죽음의 사신이 언제 찾아올지
아무 생각도 없고 귀 기울이지 않는 자는
누구나 남루한 육체에 머물며
오래도록 고통 속에서 살아가리라.

– 파드마삼바바(2012), 《티벳 사자의 서》, '아함경'(224쪽)

결론적으로 죽음의 문화를 만들어가는 것이 어렵거나 힘든 것이 아니다. 정부 혹은 지방자치단체에서는 죽음, 죽어가는 과정에서의 의료, 간호체계, 죽음에 대한 교육, 생명교육에 대한 제도화를 구축해 나가면

된다. 그리고 유치원 때부터 죽음에 대해 교육시킬 필요가 있다. 또한 개인적으로는 자신의 삶이 유한하다는 걸 직시하고 남은 생애에 대한 긍정적인 태도 변화가 있어야 할 것이다.

죽음 앞에 선 한 인간으로서 잘 죽을 수 있도록 임종 때까지 자율적이고 자립적인 준비는 물론 재산 처리, 유언장 쓰기 등도 미리 해 놓아야 한다. 그리고 사소한 것이지만 갑자기 죽었을 때 신원 확인을 위해 주민등록증과 전화번호를 갖고 다니는 것도 잊지 않아야 할 것이다.

참고자료

파드마삼바바(1995), 『티벳 사자의 서』, 류시화(역), 서울 : 정신세계사.
천선영(2012), 『죽음을 살다 : 우리 시대 죽음의 의미와 담론』, 서울 : 나남.
Balducci, L(2012), Death and Dying: What the Patient Wants, Annals of Oncology, 23(3), 1156-1161.
The Economist, Intelligence Unit(2015), The 2015 Quality of Death Index : Ranking Palliative Care Across the World(Lien Foundation).

죽음을 기억하라

이 글을 시작할 때 '죽음'이라는 인간의 마지막 문제를 다룬다는 것이 '괜찮을까' 하고 걱정도 했다. 시작부터 그동안 금기시되어 왔던 죽음의 문제를 설명해 나가는 것이 만만치 않았기 때문이다. 사실 죽음이라는 주제는 어떤 여행기보다 감동 있는 스토리가 있는 것도 아니다. 그러나 죽음과 관련된 얘기가 무겁게 들릴지 몰라도 나에게는 죽음은 엄숙하면서도 가벼운 주제로 생각되었다. 내가 살아온 세월보다 앞으로 살아갈 날이 적게 남았기 때문이다.

그렇다고 내가 죽음에 대한 독특한 이론을 만들거나 소개하고자 하는 내용은 아니다. 내가 70대 중반을 살아가면서 다가오는 죽음에 대한 생각에다 다양한 자료를 모아서 죽어감, 죽음에 대해 인문학적인 클로즈업, 조망, 준비에 대한 견해를 밝힌 것뿐이다. 고귀한 생명이 잘 굴러가야 한다는 의미에서 그것을 잘 돌게 하는 것이 좋은 죽음을 맞이하는 것이라 생각되기에 그렇다.

죽음으로 돌아가는 것이 우리의 실존이다. 죽음은 대답이 없는 논쟁의 대상이다. 이 책은 죽음을 이해하고 잘 죽자는 데 초점을 두었지만 역시 논쟁의 여지를 많이 남겼다. 살아가는 현장에서 '생명-죽음-인문'이라는 틀 속에서 이 시대의 생과 사의 문제는 끝이 없다. 깊게 접근하지는 않았지만 현실적으로 나타나는 죽음의 철학적 이해, 죽음의 수용, 죽음의 질, 죽음과의 화해, 죽음의 미래 문제들이 그렇다.

그러나 고대 철학자들은 "죽음을 기억하라(Memento Mori)"고 했다. 죽음을 이해하고자 하는 것은 바로 자기 삶을 이해하는 것이다. 그런데 삶과 죽음, 굉장히 모순적이다. 살고자 하는 욕구와 죽어야 하는 운명은 대립되는 관계지만 실제 삶과 죽음은 항상 같이 있다. 그러므로 죽음을 직시하고 생명의 유한성을 깨닫고 죽음을 준비하는 것이 잘 살아가는 지혜다. 죽음을 배울 때 우리는 행복한 삶을 배울 수 있다. 그래서 잘 죽기는 일종의 '죽음의 기술'이 된다.

이 글을 끝낼 때 저승사자가 내 뒤통수를 때린다. "너나 잘 죽어" 하고. 사실이 그렇다. 내가 지나온 세월을 세어 보니 참 기적 같은 삶이었다. 그럼에도 일상적 공간에서 생로병사의 의미구조를 온전히 이해하기 어렵고 당혹스럽기만 하다. 그리스인들이 뭔가 알 수 없고 복잡한 문제에 빠졌을 때를 '아포리아(aporia)'라고 하는데, 내가 그런 상태다. 죽음 자체는 더욱 그렇다. 죽음은 미지의 대상으로 타인이 죽어가는 모습에서 혹은 시체를 대할 때마다 죽음을 배울 뿐이다.

원래 시작은 언제나 불확실한 법이다. 마지막 글쓰기를 끝내려고 하니 빼놓은 것, 허점들이 많이 보인다. 이 글을 읽은 독자들은 결코 만족할 수 없을 것이다. 하지만 이 책을 읽는 사람들이 살아가는 동안 죽음을 준비하는 지혜를 얻었으면 한다. 누구나 어느 순간 삶의 유용성은 끝나고 참을 수 없는 고통을 겪다가 사라질 것이다. 당신도 그럴 것이다.

자신의 삶을 북돋우고 사유하며 좋은 삶을 만들어갈 때 언젠가 닥쳐올 죽음도 존엄하게 맞이할 수 있을 것이다. 결국 우리 삶이 "어떻게 살고 어떻게 죽느냐"가 답이 아닐까. 아무쪼록 이 책이 힘없고, 병들고, 고독하고, 빈곤하고, 괴롭고, 그리고 죽어가는 우리의 실존을 이해하는 길잡이가 되기를 기대한다.

나는 이따금 이렇게 중얼거린다.

"메멘토 모리!"

죽음의 인문학적 이해

어떻게 살고 어떻게 죽어야 할까?

펴낸날   초판 1쇄 2018년 12월 5일

지은이   우 정
펴낸이   서용순
펴낸곳   이지출판

출판등록 1997년 9월 10일 제300-2005-156호
주 소   03131 서울시 종로구 율곡로6길 36 월드오피스텔 903호
대표전화 02-743-7661 팩스 02-743-7621
이메일   easy7661@naver.com
디자인   박성현
인 쇄   (주)꽃피는청춘

값 16,500원

ISBN 979-11-5555-098-4   03100

※ 잘못 만들어진 책은 바꿔 드립니다.

이 도서의 국립중앙도서관 출판시도서목록(CIP)은 e-CIP홈페이지(http://www.nl.go.kr/ecip)와
국가자료공동목록시스템(http://www.nl.go.kr/kolisnet)에서 이용하실 수 있습니다.(CIP제어번호: CIP2018038496)

이 책은 한국출판문화산업진흥원 출판콘텐츠 창작자금 지원사업의 일환으로 국민체육진흥
기금을 지원받아 제작되었습니다.

죽음의 인문학적 이해

어떻게 살고 어떻게 죽어야 할까?